Inhalt

Auf dieser Seite und der letzten Seite des Buches findest du alle vorgestellten Arten als Übersicht.

Frühling

Vor den hinteren Klappen findest du weitere essbare Pflanzen.

Katrin Hecker

Welche ESSBARE PFLANZE ist das?

HEIMISCHE ARTEN BESTIMMEN
MIT LECKEREN REZEPTEN

KOSMOS

Impressum

Mit Illustrationen von: Marianne Golte-Bechtle/
Kosmos (24): S. 12, 14, 16, 18, 20, 22, 24, 26, 28, 34, 36, 38, 40, 42, 48, 50, 54, 56, 58, 62;
Sigrid Haag/Kosmos (3): S. 30 r., 46, 60;
Reinhild Hofmann (1): S. 44;
Sonja Schadwinkel (4): S. 30 l., 64, 66, 68

Mit Farbfotos von:
Frank Hecker (171)

Umschlaggestaltung von Nakischa Scheibe unter Verwendung einer Fotografie von Sandie Clarke/ Unsplash.com und Illustrationen von Sigrid Haag (U4).

Umseiten Roman Chekhovskoi/Shutterstock.com (1): S. 2/3

Klappengestaltung von Nakischa Scheibe unter Verwendung von Fotografien von Frank Hecker und Illustrationen von Marianne Golte-Bechtle/Kosmos.

Unser gesamtes lieferbares Programm und viele weitere Informationen zu unseren Büchern, Spielen, Experimentierkästen, Aktivitäten, Autorinnen und Autoren findest du unter **kosmos.de**

Gedruckt auf Cradle to Cradle™ zertifiziertem Papier.

ISBN: 978-3-440-17525-5
Projektleitung: Leonie Duppke
Redaktion: Dr. Heike Herrmann
Layout: Nakischa Scheibe und Sigrid Walter
Satz: Nakischa Scheibe
Produktion: Lena Santamaria
Druck und Bindung: Gugler Print

Printed in Austria / Imprimé en Autriche

*Nr 1 Button: * Quelle: Media Control MC Metis, Deutschland, FY 2022, WG 420- Natur und WG 422-Naturführer, Umsatz*

Haftungsausschluss

Alle Angaben in diesem Buch erfolgen nach bestem Wissen und Gewissen. Sorgfalt bei der Umsetzung ist indes dennoch geboten. Der Verlag und der Autor übernehmen keinerlei Haftung für Personen-, Sach- oder Vermögensschäden, die aus der Anwendung der vorgestellten Materialien und Methoden entstehen können.

Inhalt

Hallo, liebe Wildpflanzen-Freundin und lieber Wildpflanzen-Freund!

In diesem Buch zeigen wir dir 27 essbare Wildpflanzen und verraten dir mit vielen tollen Rezepten, wie du sie sammeln, haltbar machen und zubereiten kannst. Es handelt sich dabei um häufige Kräuter, Blumen und Früchte, die du praktisch bei jedem Spaziergang am Wegesrand, im Wald und auf Wiesen finden kannst.
Wichtig: Wo es ungenießbare oder sogar giftige Doppelgänger gibt, weisen wir bei der Pflanze darauf hin und zeigen dir, worauf du achten musst.

Finden leicht gemacht

Die jeweilige Farbe am oberen Rand jeder Seite zeigt dir, in welcher Jahreszeit du die Pflanze am besten sammelst. Im Bereich „Rezepte" erfährst du, wie du sie ganz einfach zubereiten kannst.

Frühling | Sommer | Herbst | Rezepte

Pflanzen und Früchte sind nach ihrem Erscheinen und Reifen in die Jahreszeiten Frühling, Sommer und Herbst eingeteilt. Jede Jahreszeit wird durch eine eigene Doppelseite eingeleitet. Was die Jahreszeit ausmacht, wie Wetter oder Tageslänge entstehen und was in der Natur passiert, erzählen dir diese Seiten.

Auf jeweils einer Doppelseite wird dir eine essbare Pflanze oder Frucht vorgestellt.

Anhand der großen **Illustration** bekommst du ein genaues Bild der Pflanze und Frucht und kannst die Art so leicht bestimmen. Dabei hilft dir auch der Text. Auf die wichtigsten Merkmale weisen kleine Pfeile mit Erklärungen hin.

Die roten **Wichtig zu wissen!**-Kästen verraten dir interessante Tipps zum Sammeln und Ernten. Die grünen **Schau genau!**- und die gelben **Mach mit!**-Kästen geben dir Infos zum Bestimmen und Selbermachen. In den orangefarbenen **Erstaunlich!**-Kästen findest du verblüffendes Detailwissen.

Lies dir die **Nicht verwechseln!**-Kästen immer gut durch. Manche Pflanze sieht der vorgestellten Art ähnlich, ist jedoch vielleicht ungenießbar oder gar giftig. Also informiere dich und vergleiche auch die Fotos!

Der Text neben der **Landschaft** verrät dir, wo du am besten nach der Pflanze suchst. Wächst sie eher im Wald, auf der Wiese oder dem Ackerrain? Vielleicht bevorzugt sie auch einen feuchten Standort. Lies den Text in Ruhe durch, denn hier stehen auch Tipps, welche Stellen sich zum Sammeln eignen und welche du lieber meiden solltest.

Damit du auf einen Blick abschätzen kannst, wie groß die Pflanze ist, steht neben dem Symbol die genaue **Größenangabe**.

Die **Leiste** ganz unten auf der Seite gibt an, in welchen Monaten die beste Sammelzeit für die Pflanze oder für die Früchte oder Samen ist. Die Monate sind farblich markiert.

Konnten Steinzeit-Menschen kochen?

Als die Steinzeit-Menschen vor 1,5 Millionen Jahren das Feuermachen entdeckten, dauerte es nicht mehr lange, bis sie das Feuer auch zum Zubereiten ihrer Nahrung nutzten – das geschah vor mindestens 800 000 Jahren. Viele glauben heute noch, dass Steinzeit-Menschen nur Fleisch und Fisch aßen, aber das stimmt überhaupt nicht. So fand man in griechischen Höhlen Reste einfacher Fladenbrote, die über 10 000 Jahre alt sind!!

Mochten Steinzeit-Menschen Grünzeug?

Echtes Steinzeit-Kraut: die Knoblauchsrauke

Und ob! Forschungen zeigen, dass schon die Steinzeit-Menschen richtige Feinschmecker waren: So würzten sie ihre Speisen gern mit scharfen Kräutern wie der Knoblauchsrauke (Seite 22) – vielleicht wussten sie schon, dass solche Wildkräuter-Gerichte auch bekömmlicher sind und gesünder machen? Außerdem aßen sie Grassamen, Nüsse und viele verschiedene Wildfrüchte. Es ist auch schwer vorstellbar, dass ein Steinzeit-Mensch durch die Natur lief, ohne neugierig zu testen, ob Pflanzen und Früchte auf und an seinem Weg genießbar sind oder vielleicht sogar richtig gut schmecken. Immerhin muss man diese nicht jagen, sondern eben „nur" sammeln.

Das kannst du auch!

Warum sollten wir wieder öfter essen wie die Steinzeit-Menschen? Weil in Wildpflanzen und in wilden Früchten viel mehr coole Mineralstoffe und natürliche Geschmacksstoffe stecken als in unserem gezüchteten Supermarkt-Grünzeug! Denn Wildkräuter und Wildfrüchte wurden niemals von Menschen gezüchtet, damit sie „besser" schmecken. Auch wachsen sie einfach von selbst ganz und gar gesund und robust und müssen deshalb niemals gedüngt oder gespritzt werden.

Wilde Kräuter sammeln und verarbeiten

Solche Fladenbrote aßen schon die Steinzeit-Menschen.

Auf den Seiten 72 bis 107 findest du Rezepte mit Wildpflanzen oder Früchten als Zutaten. Alles, was du zum Nachkochen brauchst, ist genau aufgelistet und wie es geht, ist einfach beschrieben.

Na, dann viel Spaß beim Sammeln und Kochen – und lass es dir schmecken!

Kräuterfrühling

Im Frühling erwacht die Natur nach und nach aus ihrem Winterschlaf. Das gilt für Pflanzen ebenso wie für viele Tiere: Zur selben Zeit, wenn die Braunbären wieder aus ihren unterirdischen Höhlen hervorkommen, sprießen im Wald auch die ersten grünen Blätter vom Bärlauch aus der Erde.

Frühlingsbeginn ist immer um den 20. März herum: An diesem Tag geht die Sonne für genau 12 Stunden auf und auch die Nacht dauert genau 12 Stunden.

Der Giersch ist immer früh dran.

Auf einen Blick

- Warme Sonnenstrahlen lassen den Boden wieder auftauen.
- Ab jetzt sind die Tage wieder länger als die Nächte – und Tag für Tag wird es nun immer länger hell sein.
- Die ersten grünen Wildkräuter sprießen.
- Vögel singen wieder und frühe Insekten fliegen.
- Erste Blumen öffnen ihre Blüten.
- Ab Mai tragen die Bäume im Wald wieder grüne Blätter.

Ab jetzt ist jeder Tag ein kleines bisschen länger als der vorherige.

Zum Frühlingsbeginn kann es noch Fröste geben und empfindlich kalt sein. Doch die Sonne nimmt immer mehr an Kraft zu und es wird nun endlich wieder wärmer. Dies ist die beste Zeit im Jahr, um Blätter und Kräuter zu sammeln! Denn jetzt sind sie noch ganz zart und saftig. Bis zum Sommer werden die meisten Kräuter eher bitter und zäher.

Frühling ist von Mitte März bis Mitte Juni.

Das kannst du finden und zubereiten

Blüten und Blätter	Gänse-blümchen S. 12	Löwen-zahn S.16	Wald-Sauerklee S. 18	Knob-lauchs-rauke S.22	Bärlauch S. 24
Blätter	Giersch S. 14	Brenn-nessel S. 20	Waldmeis-ter S. 26	Birke S. 28	Rot-Buche S. 30
Schoten	Knob-lauchs-rauke S. 22				

Der Frühling dauert bei uns etwa 3 Monate, bis die Holunderbüsche zu blühen beginnen. Offizieller Sommerbeginn ist am 20. oder 21. Juni – dieser Tag ist der längste und hellste Tag des Jahres! Und obwohl der Sommer dann erst richtig beginnt, werden die Tage allmählich schon wieder kürzer.

Gänseblümchen im Rasen

Löwenzahn wächst auf Wiesen.

Waldmeister ernten im Wald

Das Gänseblümchen

Seine hübschen weiß-gelben Blütensonnen kennst du bestimmt, denn sie wachsen häufig auf Rasen. Was nur wenige wissen: Die Blüten des Gänseblümchens und auch seine Blätter sind lecker und sehr gesund. Also noch schnell vor dem Rasenmähen ein paar davon fürs Essen pflücken.

Nicht verwechseln!

Im Frühling werden in vielen Geschäften gezüchtete Gänseblümchen angeboten – sie heißen „Tausendschönchen". Da sie gedüngt und gespritzt werden, sind sie zum Essen nicht geeignet.

Blütenstängel werden nur 5–15 cm hoch.

So kannst du es verwenden

Gänseblümchen-Blüten und -Blätter kannst du roh auf deinem Brot essen oder auch in einen Kräuterquark oder in den Salat geben (vorher kurz abbrausen). Achte darauf, nicht auf Hundepipi-Rasen oder auf beweideten Wiesen zu pflücken. Auf Seite 100 findest du unser Rezept für ein gesundes Gänseblümchen-Öl.

Erstaunlich!

Das kannst du selbst beobachten: Die Blüten der Gänseblümchen erkennen ganz genau, woher das meiste Sonnenlicht kommt. So drehen sie sich im Laufe des Tages und schauen immer genau in Richtung der Sonne. Am Abend und auch bei Regen schließen sie ihre Blüten und schützen damit ihren kostbaren Blütenstaub.

Gänseblümchen fühlen sich am wohlsten in menschlicher Nähe: Am liebsten blühen sie auf nicht zu oft gemähten Spielwiesen und Rasen. Der Rasenmäher kann ihren Blättern nichts tun, denn sie wachsen ganz flach am Boden. Nach dem Mähen schieben sich schon bald wieder ihre zarten Blütenstängel in die Höhe.

Das Gänseblümchen wird bis zu 15 cm hoch.

Die beste Sammelzeit ist von März bis September.

n | Feb | Mär | Apr | Mai | Jun | Jul | Aug | Sep | Okt | Nov | Dez

Der Giersch

Blätter an der Spitze immer dreigeteilt

Als eine der ersten Wildpflanzen reckt der Giersch schon im März seine dreigeteilten Blätter aus der Erde. Zuerst sind sie noch zerknittert und hellgrün, so schmecken sie am allerbesten – nach einer Mischung aus Petersilie, Möhre und Sellerie.

Den Giersch findest du häufig an Wegrändern im Halbschatten von Büschen und Bäumen, am liebsten da, wo die Böden schön feucht sind. Auch in Parks und Gärten kann er schnell große Flächen erobern, denn er breitet sich rasch über unterirdische Ausläufer aus. Wenn er blüht, werden seine Blätter bitter.

Nicht verwechseln

Giersch-Blätter erkennst du an der „Drei": Jedes Blatt ist an der Spitze dreigeteilt, und wenn du den Blattstängel zwischen zwei Fingern drehst, spürst du, dass er dreikantig ist.

So kannst du ihn verwenden

Giersch-Blätter kurz waschen und dann klein schneiden. Mit seinem würzigen Geschmack passt er gut in Frühlingssalate (Rezept Seite 74) und in leckere Kräuter-Suppen (Rezept Seite 76). Als Zutat in Pesto (Rezept Seite 104) oder in Kräuter-Eiswürfeln (Rezept Seite 80) kannst du den Giersch auch gut haltbar machen.

Erstaunlich!

Die meisten Gärtnerinnen und Gärtner mögen heute keinen Giersch mehr. Das war früher anders! In Klostergärten bauten die Mönche ihn sogar extra als wilden Spinat an, denn sie wussten noch, wie gesund und lecker er ist. Der Giersch bringt viele wichtige Mineralstoffe wie Kalium, Kalzium und Magnesium auf den Tisch.

Der Giersch wird zur Blütezeit bis zu 90 cm hoch.

Die beste Sammelzeit ist von März bis Mai.

an | Feb | Mär | Apr | Mai | Jun | Jul | Aug | Sep | Okt | Nov | Dez

Der Löwenzahn

Den Löwenzahn kennt doch jedes Kind? Tatsächlich wird er oft verwechselt, deshalb schau genau: Seine gezackten Blätter wachsen immer alle am Boden, seine Blütenstängel sind dick und hohl, darin fließt ein Milchsaft, der Hände braun färbt.

Mach mit!

Mit einer Handvoll junger Löwenzahnblätter nimmst du im Frühjahr eine gute Portion gesunder Bitterstoffe zu dir (später im Jahr werden die Blätter dann zunehmend bitter und hart). Wasche die Blätter gründlich, schneide sie klein und mische sie einfach unter deinen Salat. Unser Rezept für einen Frühlingssalat findest du auf Seite 74.

So kannst du ihn verwenden

Seine sonnengelben Blütchen eignen sich wunderbar, um damit Salate, Brote und viele weitere Gerichte zu überstreuen. Dazu teilst du zuerst den dicken Blütenkopf in der Mitte, dann zupfst du mit den Fingerspitzen die feinen goldgelben Blütchen heraus. Mit Salz vermischt bekommst du ein schönes, gelbes Blütensalz (Rezept Seite 29).

Nicht verwechseln!

Ähnliche Blüten und Blätter hat der Wiesen-Pippau. Er wächst aber über einen Meter hoch und hat verzweigte Blütenstängel mit Blättern (beim Löwenzahn stehen alle Blätter am Boden).

Der Löwenzahn wächst sehr häufig auf sonnigen, nährstoffreichen Wiesen und Rasen, manche Wiesen sind im Frühjahr sogar komplett gelb. Achte beim Pflücken aber darauf, dass die Wiesen und Weiden nicht mit Giften gespritzt oder gedüngt wurden. Meide zum Sammeln Wegränder, wo Hunde ausgeführt werden.

Der Löwenzahn wird bis zu 40 cm hoch.

Die beste Sammelzeit ist von April bis Mai.

Jan | Feb | Mär | Apr | Mai | Jun | Jul | Aug | Sep | Okt | Nov | Dez

Der Wald-Sauerklee

Beim Wandern im Wald sind seine zarten, zitronig schmeckenden Blättchen eine willkommene Erfrischung. Du solltest aber nicht zu viele davon essen (nicht mehr als eine Handvoll), denn zu viel der leckeren Säure kann bei empfindlichen Menschen den Magen reizen.

Blätter dreigeteilt und lang gestielt

Nicht verwechseln!

Im April wächst in Wäldern oft direkt neben oder zwischen dem Sauerklee das ähnlich blühende, giftige Busch-Windröschen. Seine Blätter sind aber tief geschlitzt und nicht kleeartig.

Weil der Wald-Sauerklee sich nur im Schatten und auf nicht zu trockenen Böden richtig wohlfühlt, findest du ihn am häufigsten im Wald. Hier blüht er sogar dann noch, wenn die Bäume im Frühjahr ihre Blätter bereits voll entwickelt haben und nur noch 1 Prozent des Tageslichtes den Waldboden erreicht.

So kannst du ihn verwenden

Als kleine Beigabe in Salaten (Rezept Seite 74), Pattys (Seite 106) und Suppen (Seite 76) sind sowohl seine Blätter als auch die hübschen Blüten sehr gut geeignet. Vor allem in Gerichten, die mit einem Spritzer Zitronensaft besonders gut schmecken. Hier kannst du den Zitronensaft einfach durch eine Handvoll Sauerklee ersetzen.

Erstaunlich!

Die Blätter vom Wald-Sauerklee reagieren empfindlich auf Helligkeit und Trockenheit: Wenn im Wald Sonnenstrahlen durchs Blätterdach bis zum Waldboden blitzen, faltet der Klee seine Blätter nach unten zusammen. Auch wenn es dunkel wird im Wald, gehen seine Blätter in diese „Schlafstellung", um am nächsten Morgen wieder aufzuklappen.

Der Wald-Sauerklee wird bis zu 15 cm hoch.

Die beste Sammelzeit ist von April bis Mai.

Jan	Feb	Mär	Apr	Mai	Jun	Jul	Aug	Sep	Okt	Nov	Dez

Die Brennnessel

Brennnesseln sind große, kräftige Pflanzen, die richtig große Gebüsche bilden können. Typisch: Am Stängel stehen sich immer zwei Blätter direkt gegenüber. Auf den Blättern und auf dem Stängel erkennst du feine Härchen – sie verursachen das Brennen auf der Haut.

Wichtig zu wissen!

Berührst du Blätter oder Stängel der Brennnessel, dann brennt es wirklich fies und auf der Haut bleiben juckende Pusteln zurück. Und diese Pflanzen soll man essen können? Kann man wirklich – wir zeigen dir, worauf du beim Pflücken und Verarbeiten achten musst. Am wichtigsten sind ein Paar Handschuhe, damit dir ihre Brennhaare nichts anhaben können.

So kannst du sie verwenden

Zupfe die jungen Blätter mit Handschuhen vom Stängel. Getrocknet, gebraten oder gekocht brennen Brennnessel-Blätter nicht mehr und du kannst sie bedenkenlos essen! Brennnesseln sind sogar außerordentlich gesund und wirklich lecker. Wir tunken sie in Teig und so werden Brennnessel-Chips daraus – unser Rezept dazu findest du auf Seite 90.

Brennnesseln findest du überall da, wo es viele Nährstoffe im Boden gibt und genügend Feuchtigkeit. Am liebsten wachsen sie an den Ufern von Gräben und Bächen, an Wald- und Wegrändern und auf Wiesen. Achte auf den Standort: Pflücke nicht an Äckern, wo mit Giften gespritzt wird, und nicht auf gedüngten Wiesen.

Nicht verwechseln!

Auch die Weiße Taubnessel hat gesägte Blätter und manche anderen Wildpflanzen auch. Im Unterschied zur Brennnessel sind ihre Blätter aber garantiert niemals brenzlig!

Die Brennnessel wird bis über 2 m hoch.

Die beste Sammelzeit ist von April bis August.

an	Feb	Mär	Apr	Mai	Jun	Jul	Aug	Sep	Okt	Nov	Dez

Die Knoblauchsrauke

Ihre gezackten Blätter sehen der Brennnessel etwas ähnlich, aber diese Blätter brennen nicht. An der Spitze des Stängels stehen gehäuft kleine weiße Blüten aus 4 Blütenblättern. Ihre Samen reifen in bohnenförmigen Schoten heran.

Mach mit!

Zerreibe ein Blatt zwischen deinen Fingern: Es duftet würzig nach einer Mischung aus Knoblauch und Senf. Schon die Steinzeit-Menschen würzten vor 6000 Jahren ihre Speisen mit der gesunden Knoblauchsrauke! Alles an der Pflanze ist essbar: Blätter, Blüten, die grünen, bohnenförmigen Schoten, die Samen und auch ihre Wurzeln.

So kannst du sie verwenden

Am gesündesten ist es, wenn du Blätter, Blüten und junge Schoten kurz abbraust, klein schneidest und dann roh im Salat oder auf Brot isst. Aber probiere erst, ob du den leicht scharfen, senfartigen Geschmack auch magst. Wir haben 2 Hände voll Knoblauchsrauke in Pattys gerührt (unser Rezept findest du auf Seite 106) – sehr lecker!

Erstaunlich!

Die reifen, braunen Samen schmecken pfeffrig-scharf und etwas nach Senf. Du kannst sie im Ganzen verwenden oder du zerreibst sie fein in einer Pfeffermühle oder in einem Mörser.

Am häufigsten wächst die Knoblauchsrauke in Wäldern und an Waldsäumen, denn sie mag es eher schattig, kühl und feucht. Du findest sie aber auch im Garten und an Wegrändern. Typisch: Schon während der Blütezeit reifen ihre kleinen Samen in den länglichen, grünen Schoten heran. Reif sind die Samen dann braun.

Die Knoblauchsrauke wird bis zu 100 cm hoch.

Die beste Sammelzeit ist von April bis August.

Jan | Feb | Mär | Apr | Mai | Jun | Jul | Aug | Sep | Okt | Nov | Dez

Der Bärlauch

Wie grüne Schwerter sprießen Bärlauch-Blätter im April aus dem Waldboden. Zerreibst du sie zwischen den Fingern, dann entströmt ein feiner Knoblauch-Duft. Das macht den „Wald-Knoblauch“ zu einem begehrten Kraut in der Wildpflanzen-Küche.

Wichtig zu wissen!

Die leckeren Bärlauch-Blätter können leicht mit ähnlichen, sehr giftigen Arten verwechselt werden, das passiert leider in jedem Frühjahr wieder! Deshalb gehe unbedingt auf Nummer sicher. Pflücke und prüfe den Bärlauch Blatt für Blatt und erst dann, wenn er richtig blüht! Mit seiner Blütenkugel aus weißen Sternchenblüten ist er leicht zu erkennen.

So kannst du ihn verwenden

Wasche die Blätter gründlich und zupfe die Blütchen vom Stängel. Schneide die Blätter ganz fein und vermische sie mit Quark (oder Margarine oder Schafkäse). Etwas Salz, Pfeffer und Olivenöl dazu – fertig ist ein herzhafter Brotaufstrich frisch aus dem Wald. Tipp: Auch die Blüten sind essbar, streue sie über den fertigen Aufstrich.

Der Bärlauch fühlt sich da am wohlsten, wo es schattig, kühl und nicht zu trocken ist. Du findest ihn deshalb hauptsächlich in Laubwäldern. Manche Wälder beherbergen im Mai große Bärlauch-Teppiche, in anderen fehlt er ganz und gar. Etwas Glück brauchst du also bei deiner Suche.

Nicht verwechseln!

Das tödlich giftige Maiglöckchen (unten im Foto rechts) hat sehr ähnliche Blätter – aber ganz andere Blüten. Schau genau: Es sind kleine, weiße Glöckchen, die übereinander angeordnet sind.

Der Bärlauch wird bis zu 30 cm hoch.

Die beste Sammelzeit ist von Mai bis Juni.

Der Waldmeister

Beim Waldmeister stehen immer 6–8 Blätter so zusammen am Stängel, dass sie einen grünen Stern bilden. Über dem obersten Blätterstern erscheinen im Mai viele kleine weiße Blütchen. Du kannst die Blätter und auch die Blüten verwenden.

Erstaunlich!

Für die nordischen Urvölker Europas war der Waldmeister ein magisches Kräutlein, sie nannten es „Kraut der Waldmutter" und es war ihrer Erdgöttin Nerthus geweiht. Mit Getränken aus diesem heiligen Kräutlein vereinten sich die naturverbundenen Völker im Frühjahr mit den wiedererwachenden Kräften der Erde.

Blätter zu 6–8 in Quirlen

So kannst du ihn verwenden

Für eine Waldmeister-Bowle bindest du den Waldmeister zu einem Sträußchen und lässt ihn für eine Stunde anwelken, dabei entfaltet er sein typisches Aroma. Hänge das Sträußchen nicht länger als 30 Minuten kopfüber in 1 l hellen Traubensaft mit Zitronenscheiben. Vor dem Servieren gibst du 1 l Mineralwasser und eventuell noch Eiswürfel dazu.

Nicht verwechseln!

Das ähnliche, ungenießbare Wald-Labkraut wächst verzweigt und viel höher (50–100 cm). Seine Blätter riechen beim Zerreiben unangenehm und es blüht erst im Juli und August.

Besonders in Buchenwäldern kann der Waldmeister im Mai richtig große, grüne Teppiche mit tausenden weißer Sternchenblüten unter den Bäumen bilden. Da er nur ganz zart im Boden verwurzelt ist, knipse beim Pflücken bitte vorsichtig die Stängel einzeln ab, um nicht das ganze Pflänzchen herauszureißen.

Der Waldmeister wird bis zu 30 cm hoch.

Die beste Sammelzeit ist von Mai bis Juni.

Die Birke

Birken kannst du leicht an ihrer weiß schimmernden Rinde erkennen. Je älter die Birke, desto mehr schwarze Risse und Muster erscheinen darauf. Im Frühling hängen an ihren Zweigen neben den lang gestielten Blättern auch gelbe Blütenkätzchen.

Blätter dreieckig-herzförmig mit gesägtem Blattrand

Samen

Erstaunlich!

Reibst du an Birkenrinde, so haftet danach ein weißer Puder an deiner Hand. Darin stecken kostbare Heilmittel, die sogenannten „Betuline". Schon indigene Naturvölker bereiteten daraus Heilmittel gegen Lungenentzündungen und zum Desinfizieren von Wunden. Bis heute gibt es betulinhaltige Arzneimittel zu kaufen.

So kannst du sie verwenden

Pflücke vier Hände voll Birkenblätter und brause sie ab. Schneide die Blätter in kleine Stückchen und gib sie dann mit 250 g Salz in einen Mixer. Ganz fein pürieren, bis das Salz grün ist. Das feuchte Salz auf einem Backblech ausbreiten und bei 40 °C ca. 20 Minuten lang im Ofen trocknen lassen. In einem verschließbaren Glas aufbewahren.

Wichtig zu Wissen!

Birkenblätter sind außerordentlich gesund: Sie enthalten viel Vitamin C und heilsame ätherische Öle. Genieße dein Salz aus Birkenblättern am besten ungekocht in Salaten und Aufstrichen.

Bei uns kommen zwei ganz ähnliche Birkenarten vor: Die bekanntere ist die Hänge-Birke, sie findest du häufig in sandig-trockenen Gebieten wie Kiesgruben und Heiden. Ihre Zwillingsschwester heißt Moor-Birke, weil sie nur in feuchten Mooren und Sümpfen wächst. Du kannst beide Arten gleichermaßen nutzen.

Die Birke wird bis zu 25 m hoch.

Die beste Sammelzeit ist von April bis Mai.

n | Feb | Mär | Apr | Mai | Jun | Jul | Aug | Sep | Okt | Nov | Dez

Die Rot-Buche

Du erkennst sie an ihren eiförmigen Blättern mit gewelltem Rand und an ihrer glatten, silbergrauen Rinde. Im September findest du ihre Früchte, die dreikantigen Bucheckern. Sie sind essbar, aber nur geröstet, sonst verursachen sie Bauchweh.

welliger Blattrand

dreikantige Bucheckern

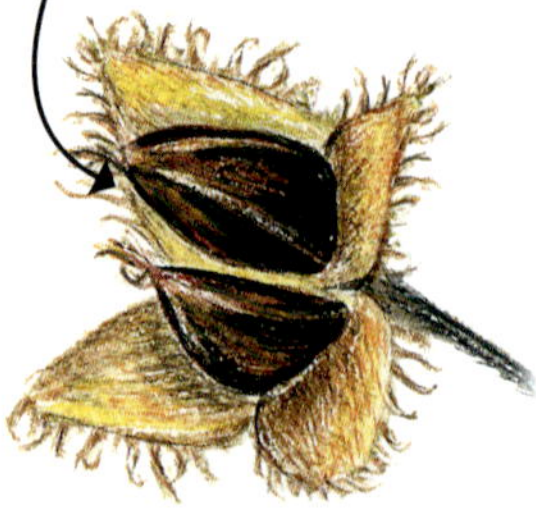

Wichtig zu wissen!

Die dreikantigen Bucheckern sind von einer dünnen, aber sehr harten Haut überzogen. Kurz mit kochendem Wasser übergießen, schälen und dann ohne Öl in der Pfanne rösten – schmeckt nussig!

So kannst du sie verwenden

Pflücke zwei Hände voll junger, zartgrüner Buchenblätter und brause sie zu Hause gründlich ab. Kurz trocknen lassen, klein schneiden und in deinen Salat geben (siehe unser Frühlingssalat-Rezept auf Seite 74) oder in einen Kräuter-Aufstrich (Rezept Seite 82). Toll passen die Blätter auch in unser leckeres Waldpesto (Seite 104)!

Mach mit!

Anfang Mai entfalten sich die hellgrünen Frühlingsblätter der Buche. Jetzt sind sie ein erfrischender, säuerlicher Snack: einfach so knabbern oder in dein Sandwich legen – statt eines Salatblattes. In wenigen Wochen schon überzieht die Buche ihre Blätter mit einem schützenden Wachs, dann sind sie für uns nicht mehr genießbar.

Es ist nicht schwer, Buchen zu finden, denn die meisten unserer Wälder bestehen hauptsächlich aus Buchen – in Mitteleuropa ist sie einer der häufigsten Bäume! In Wäldern haben Buchen lange, schlanke Stämme ohne Äste, weil sie hier dicht an dicht wachsen. Einzeln stehende Buchen bilden bis unten hin Äste aus.

Die Rot-Buche wird bis zu 50 m hoch.

Die beste Sammelzeit ist im Mai.

n | Feb | Mär | Apr | Mai | Jun | Jul | Aug | Sep | Okt | Nov | Dez

Blütensommer

Im Sommer blühen in der Natur viele verschiedene Wildblumen. Mit verlockenden Düften, süßem Nektar und nahrhaftem Blütenstaub locken sie summende Wildbienen, Schmetterlinge und Käfer an. Die Insekten sorgen nebenbei für die Bestäubung der Blüten: Damit daraus bis zum Herbst Samen werden und sich die Blumen weiter ausbreiten können. Die ersten Wald-Erdbeeren findest du aber schon im Juni! Offizieller Sommerbeginn ist am 20. oder 21. Juni. Dieser Tag ist der hellste und längste des Jahres. Zum Sommerbeginn ist es hell und warm, sodass du endlich ohne Jacke rauskannst. Auf den Wiesen findest du jetzt viele blühende Wildkräuter, dazwischen summen Bienen, Grashüpfer springen um dich herum und die Grillen zirpen bis spät am Abend. Dies ist die beste Zeit im Jahr, um blühende Kräuter wie Kamille und Wilden Dost zu sammeln.

Holunderblüten zeigen den Sommer an.

Auf einen Blick

- Warme Sommertage lassen viele Blumen erblühen und Insekten fliegen.
- Ab jetzt ist jeder Tag wieder etwas kürzer als der vorherige – bis am Herbstbeginn (22. oder 23. September) Tag und Nacht wieder gleich lang sind.
- Vogelgesänge werden weniger – die Vogeleltern müssen sich jetzt um ihre Küken kümmern!
- Erste Wildfrüchte reifen: Vogel-Kirschen (Seite 50) und Wald-Erdbeeren (Seite 48).

Sommer ist von Mitte Juni bis Mitte September.

Jan | Feb | Mär | Apr | Mai | Jun | Jul | Aug | Sep | Okt | Nov | D

Das kannst du finden und zubereiten

Blüten	Schwarzer Holunder S. 34	Echte Kamille S.46			
Blüten und Blätter	Rot-Klee S. 36	Spitz-Wegerich S. 38	Wilder Dost S. 40	Wasser-minze S. 42	Thymian S. 44
Früchte	Wald-Erdbeere S. 48	Vogel-Kirsche S. 50			

Der Sommer dauert bei uns etwa 3 Monate, bis schließlich die Holunderbüsche Früchte tragen. Offizieller Herbstbeginn ist am 22. oder 23. September – ab jetzt wird jeder Tag dann wieder etwas kürzer sein als die Nacht, bis hin zum Winterbeginn am 21. oder 22. Dezember, dem kürzesten Tag im Jahr.

Lecker: wilde Wald-Erdbeeren

Aromatisch: der Wilde Dost

Gesund: die Echte Kamille

Der Schwarze Holunder

Blütendolden 10–25 cm groß mit gelben Staubbeuteln

Seine großen, duftenden Blütenschirme zeigen dir an, dass nun endlich der Sommer begonnen hat! Der Schwarze Holunder wächst als kräftiger, 3–7 m hoher Strauch mit holzigem Stamm. Reibe mal seine Blätter zwischen den Fingern – die stinken!

Wichtig zu wissen!

Pflücke die Dolden immer am dicken Stängel (da, wo die kleinen Blütenstängel alle zusammentreffen) und hänge sie bitte zuerst kurz draußen auf oder lege sie auf einem Tuch aus. Denn in den Blütchen vom Holunder krabbeln immer ganz viele kleine schwarze Käferchen herum, die erst einmal herauskrabbeln und fortfliegen möchten.

So kannst du ihn verwenden

Holunderblüten haben einen tollen Geschmack, der wirklich unverwechselbar ist. Du kannst die Blüten das ganze Jahr über genießen, wenn du daraus einen Sirup kochst (Rezept Seite 84) und davon immer einen kleinen Schluck in dein Wasser gibst. Frisch gepflückte Dolden backen wir gern in Pfannkuchenteig aus (Rezept Seite 90) – sehr lecker!

Den Schwarzen Holunder findest du an Waldrändern, in Hecken und auf Wiesen. Auch in der Nähe von Gehöften, in Gärten und in Parks kommt er vor. Eher in Bergregionen wächst der Rote Holunder: Er trägt im Spätsommer rote Früchte und seine Blüten bilden keine schirmartigen Dolden, sondern eiförmige Trauben.

Nicht verwechseln!

Ähnlich ist der giftige Zwerg-Holunder: Er hat aber keinen holzigen Stamm und wird nicht höher als 1,50 m. Auch seine Blütendolden bleiben klein: Sie sind nur 5–10 cm groß.

Der Schwarze Holunder wird 3–7 m hoch.

Die beste Sammelzeit ist im Juni.

Feb | Mär | Apr | Mai | Jun | Jul | Aug | Sep | Okt | Nov | Dez

Der Rot-Klee

dreigeteilte Blätter mit weißem „V“

Rote Kugelköpfe in der Wiese sind typisch für den Rot-Klee: Jede Blütenkugel ist aus vielen winzigen Einzelblütchen zusammengesetzt – so hat der Klee viel süßen Blütennektar auf engstem Raum zu bieten. Seine Blüten und auch die Blätter sind essbar.

Mach mit!

Wo Rot-Klee wächst, da kommt er meist wirklich häufig vor. Bitte achte beim Sammeln trotzdem darauf, dass du immer genügend Blüten für Nahrung suchende Hummeln und Bienen übrig lässt. Die Blütenkugeln lassen sich leicht mit zwei Fingern abknipsen, bitte luftig nach Hause transportieren, damit die zarten kleinen Blüten nicht zermatschen.

So kannst du ihn verwenden

Zupfe die einzelnen Mini-Blütchen vom Kugelkopf – sie verschönern und versüßen viele süße und herzhafte Gerichte: Überstreue deinen Salat damit (Rezept Seite 74), deinen Kräuter-Aufstrich (Rezept Seite 82) oder Krümelkuchen (Rezept Seite 92). Unser Rezept für fluffige Rot-Klee-Pancakes ohne Eier findest du auf Seite 102.

Schau genau!

Es gibt ihn auch in Weiß: Der Weiß-Klee wächst häufig auf Rasen, die nicht so oft gemäht werden. All unsere Klee-Arten sind essbar und wegen ihres süßen Nektars auch bei Bienen beliebt.

Der Rot-Klee mag sonnige Wiesen und Wegränder mit besonders nährstoffreichen Böden. Achte bitte beim Sammeln darauf, dass du ihn nicht auf stark gedüngten Wiesen pflückst und auch nicht an typischen Hundegassi-Wegrändern. Naturbelassene Wiesen, Böschungen und Heckensäume sind dagegen ideal zum Pflücken.

Der Rot-Klee wird 20–50 cm hoch.

Die beste Sammelzeit ist von Mai bis September.

Jan	Feb	Mär	Apr	Mai	Jun	Jul	Aug	Sep	Okt	Nov	Dez

Der Spitz-Wegerich

Wie grüne Lanzen schieben sich die Blätter vom Spitz-Wegerich ab April aus der Erde. Im Mai sprießen aus der Mitte seiner Blätterrossette auf langen, dünnen Stielen die länglichen Blütenähren mit goldgelben, weit herausragenden Staubblättern.

Alle Blätter wachsen als Rosette am Boden.

Erstaunlich!

Spitz-Wegerich ist viel mehr als nur ein Wildgemüse: Seit Jahrtausenden bewährt er sich als Heilpflanze, stärkt das Immunsystem und hilft als Natur-Arznei bei Übelkeit, Bauchweh, Husten und Bronchitis. Wegerich-Blätter schmecken sehr intensiv und sind leicht bitter, gib deshalb immer nur wenige Blätter in Salate und Suppen.

So kannst du ihn verwenden

Für einen Husten-Honig zerkleinere 2 Hände voll Blätter und gib sie zusammen mit Honig in ein Schraubglas. Zwischendurch gut umrühren. Zum Schluss einen Esslöffel Apfelessig unterrühren. Dieser Honig-Ansatz muss nun 4 Wochen durchziehen, alle 3 Tage einmal umrühren. Dann siebst du den Wegerich ab – fertig ist dein Hustensaft!

An Wegrändern und auf Wiesen ist der Spitz-Wegerich fast überall eine häufige Pflanze, er fällt nur auf den ersten Blick mit seinen schmalen Blättern nicht so sehr zwischen dicht stehenden Grashalmen auf. Achte darauf, immer nur die jüngsten, hellgrünen Blätter aus der Mitte der Rosette zu pflücken.

Schau genau!

Der Spitz-Wegerich hat noch einen ähnlichen Bruder: Der Breit-Wegerich hat aber breite, eiförmige Blätter. Er ist ebenso gesund und kann genauso verwendet werden wie der Spitz-Wegerich.

Der Spitz-Wegerich wird bis zu 50 cm hoch.

Die beste Sammelzeit ist von April bis August.

n | Feb | Mär | Apr | Mai | Jun | Jul | Aug | Sep | Okt | Nov | Dez

Der Wilde Dost

Er wächst gern dicht buschig und lockt mit seinen unzähligen kleinen Blütchen den ganzen Sommer hindurch viele Insekten an. Typisch sind seine starren rötlichen, gabelig verzweigten Stängel und eiförmige Blättchen mit glattem Rand.

Mach mit!

Wilder Dost ist schwierig zu pflücken, denn er hat zähe, feste Stängel. Damit du nicht versehentlich die ganze Pflanze samt Wurzeln herausreißt, ist es besser, zum Ernten eine kleine Schere mitzunehmen. Bestimmt entdeckst du an den Blüten auch Nahrung suchende Schmetterlinge oder Bienen – bitte lass immer genug für sie übrig.

So kannst du ihn verwenden

Schneide die Blüten vom Stängel und zupfe die Blättchen einzeln ab. Du kannst beides frisch verwenden oder auch getrocknet. Wir kochen daraus einen würzigen Tee ohne Teebeutel (Rezept Seite 86) oder einen erfrischenden Eistee (Rezept Seite 96). Wilder Dost schmeckt nach einer Mischung aus Pfefferminze und Thymian – wirklich richtig lecker.

Wo viele andere Kräuter nicht mehr wachsen können, fühlt sich der Wilde Dost erst richtig wohl: Sandige, nährstoffarme Böden zwischen Kies und Stein gefallen ihm besonders gut, am besten ohne Schatten in praller Sonne. Du findest ihn deshalb häufig in Kiesgruben, auf sonnigen Böschungen und in Trockenrasen.

Schau genau!

Ähnlich sieht die Wasserminze (Seite 42) mit ihren helllila Blütenköpfchen aus. Sie wächst aber in feuchten Böden an Gewässerufern und ihre Blätter duften beim Zerreiben intensiv nach Minze.

Der Wilde Dost wird 20–60 cm hoch.

Die beste Sammelzeit ist von Juni bis September.

Jan	Feb	Mär	Apr	Mai	Jun	Jul	Aug	Sep	Okt	Nov	Dez

Die Wasserminze

Jede Berührung ihrer Blätter entlockt der Wasserminze ihren wunderbaren Minzeduft. Typisch sind ihre hellrosa Blütenkugeln an der Spitze ihrer kantigen, behaarten Stängel. Ihre Blätter stehen sich paarweise gegenüber und sind am Rand gesägt.

Wichtig zu wissen!

Wo sie wächst, da ist der Boden locker und feucht – darum ist es gut, zum Pflücken Gummistiefel anzuziehen. In diesem lockeren Boden verlieren die Wurzeln leicht den Halt, darum rupfe bitte nicht an der Wasserminze. Besser die oberen 15–20 cm mit einer Schere abschneiden, so kann die Minze wieder neue Blüten ausbilden.

So kannst du sie verwenden

Für eine eiskalte Minz-Limo brauchst du 3–6 Stängel Wasserminze, 3–4 Zitronen, 1 l Wasser und Eiswürfel. Wasche die Minze und gib die Blätter und Blüten zusammen mit dem Saft der Zitronen und dem Wasser in einen Mixer. Richtig fein pürieren! Die Minze färbt die Limo grasgrün. Mit Eiswürfeln und Zitronenscheiben servieren.

Schau genau!

Der ähnliche Wilde Dost (Seite 40) wächst auf extrem trockenen Böden. Seine Blätter haben keine gesägten, sondern glatte Ränder und seine Blütenstände stehen gabelig verzweigt.

Ihr Name verrät schon, wo sie wächst: Die Wasserminze liebt das Wasser, du findest sie an sumpfigen Ufern von Bächen, Gräben, Teichen und Seen. Den Winter verbringt sie sogar oft komplett untergetaucht. Erst zur Blütezeit im Sommer reckt sich das intensiv nach Minze duftende Wildkraut hoch in die Luft.

Die Wasserminze wird 30–90 cm hoch.

Die beste Sammelzeit ist von Juli bis September.

n | Feb | Mär | Apr | Mai | Jun | Jul | Aug | Sep | Okt | Nov | Dez

Der Thymian

Er ist der duftende Zwerg unter unseren Sträuchern: Zwar ist der Thymian klein, seine Ästchen sind aber ebenso holzig wie bei großen Sträuchern. Manche wachsen aufrecht, andere kriechend am Boden. Seine rosa Blütenglöckchen stehen gehäuft am Ende der Stängel.

Eiförmige kleine Blättchen stehen sich gegenüber.

Wichtig zu wissen!

Es gibt bei uns verschiedene Thymian-Arten, die als 10–30 cm hohe Zwergsträucher wachsen. Sie alle können zum Würzen und als Natur-Arznei verwendet werden, z. B. als Husten-Honig (Rezept S. 39).

So kannst du ihn verwenden

Seine Blüten und abgezupften Blättchen geben Soßen, Salaten, Pattys und Pizzas ein wunderbares Aroma. Du kannst sie ebenso gut frisch wie auch getrocknet verwenden. Man sagt, ein Tee aus Thymian verleihe Kindern Bärenkräfte und stärke das Selbstvertrauen – probiere es doch einfach mal aus! Auf Seite 86 findest du unser Tee-Rezept.

Mach mit!

Ob wild wachsender Thymian oder Gartenthymian: Das tolle Heil- und Gewürzpflänzchen gedeiht auch ganz prima im Topf auf dem Balkon – so hast du ihn immer schnell zur Hand. Denn Thymian braucht nur wenig Erde, wenig Platz und wenig Wasser. Nur eines ist ihm wichtig: viel Sonne! Dann bildet er reichlich duftende ätherische Öle!

Der Pflanzenzwerg kann sich nur da durchsetzen, wo ihm keine hohen Gräser und andere Pflanzen über den Kopf wachsen und ihm das Sonnenlicht nehmen. Deshalb findest du ihn auf mageren, trockenen Wiesen und Wegböschungen, in Kiesgruben und auch zwischen Steinen und Felsen. Dort hat er nur wenig Konkurrenz.

Der Thymian wird 10–30 cm hoch.

Die beste Sammelzeit ist von Mai bis September.

Jan	Feb	Mär	Apr	**Mai**	**Jun**	**Jul**	**Aug**	**Sep**	Okt	Nov	Dez

Die Echte Kamille

Ihre Blüten sitzen auf langen, biegsamen Stängeln und duften intensiv nach Kamillen-Tee – daran erkennst du die Echte Kamille. Typisch sind ihre fein zerschlitzten, fadenförmigen Blätter, im Gegensatz zu den Blüten duften sie nur wenig.

Mach mit!

Kamillen-Tee kannst du ganz einfach selbst sammeln: Pflücke ein Sträußchen Echter Kamille und zupfe zu Hause die Blüten einzeln von den Stängeln. Lege die Blüten nebeneinander auf einem sauberen Geschirrtuch aus und lasse sie in Ruhe trocknen (nicht in der Sonne). In Papiertütchen füllen und das Beschriften nicht vergessen.

So kannst du sie verwenden

Kamillen-Blüten enthalten heilsame ätherische Öle – das macht ihren Duft aus! Ein Tee aus Kamillenblüten hilft verlässlich gegen Bauchweh, denn er wirkt entkrampfend, beruhigend und lässt Entzündungen schnell abklingen. Auf Seite 86 verraten wir dir, wie du einen richtig guten Tee aus frischen oder getrockneten Blüten kochst.

Kamillen sind typische Acker-Begleitkräuter: Wo im Frühjahr der Boden umgepflügt wird, kommt viel Licht an die Erde und hier keimen Kamillen besonders gern. Heute sind Echte Kamillen lange nicht mehr so häufig wie früher, sie wachsen meist nur noch auf ganz schmalen, ungespritzten Ackerrändern.

Nicht verwechseln!

Die Blüten der ähnlichen Unechten Kamille sind mit 4 cm fast doppelt so groß und duften kaum. Ritze eine Blüte an: Nur bei der Echten Kamille (unten im Foto rechts) ist der Blütenboden hohl.

Die Echte Kamille wird 40–50 cm hoch.

Die beste Sammelzeit ist von Mai bis August.

n | Feb | Mär | Apr | Mai | Jun | Jul | Aug | Sep | Okt | Nov | Dez

Die Wald-Erdbeere

Typisch sind ihre dreigeteilten Erdbeer-Blätter mit grob gesägtem Rand. Im April und Mai ist ihre Haupt-Blütezeit und ab Juni findest du dann ihre leckeren Mini-Erdbeeren. Die Wald-Erdbeere breitet sich über lange Ausläufer aus.

Wichtig zu wissen!

Die kleinen, zarten Wald-Erdbeeren zermatschen schnell, ganz besonders in warmen Händen. Nimm zum Sammeln deshalb lieber einen kleinen Becher mit und stelle die Früchtchen bald kühl.

So kannst du sie verwenden

Brause die Erdbeeren zu Hause ab und lasse sie abtropfen. Wenn du sie nicht gleich verwenden kannst oder du noch nicht genug für eine Mahlzeit gesammelt hast, kannst du deine Erdbeeren auch erst einmal einfrieren (Seite 72). Hast du genug beisammen, dann magst du daraus vielleicht einen Krümelkuchen nach unserem Rezept (Seite 92) backen?

Mach mit!

Echte Wald-Erdbeeren sind zwar klein, dafür schmecken sie aber besonders intensiv, und so brauchst du für Nachspeisen oder Kuchen weniger als von gezüchteten, großen Erdbeer-Früchten. Allein das Sammeln im Wald macht schon Spaß – umso mehr, wenn die ganze Familie oder Freunde dabei mithelfen. Denke an ein Mückenspray für deinen Aufenthalt im Wald!

Die Wald-Erdbeere ist häufig zu finden – meist wird sie nur übersehen, weil sie so klein ist! Du siehst sie hauptsächlich in Wäldern, besonders oft wächst sie hier an etwas helleren Stellen wie an Wegrändern und auf Lichtungen. Aber auch im Halbschatten von Hecken, an Böschungen und Wegen findest du sie.

Die Wald-Erdbeere wird 5–20 cm hoch.

Die beste Sammelzeit ist von Juni bis Juli.

n | Feb | Mär | Apr | Mai | Jun | Jul | Aug | Sep | Okt | Nov | Dez

Die Vogel-Kirsche

Diese Wild-Kirschen werden nicht größer als etwa 1 cm und sind erst reif, wenn sie sich dunkelrot bis fast schwarz färben. Typisch: Sie wachsen immer in Büscheln. Die Vogel-Kirsche ist ein großer Baum und die Blätter zeigen grob gesägte Blattränder.

Schau genau!

Die Vogel-Kirsche erkennst du leicht an ihrer quer geringelten Rinde: Wird der Baumstamm dicker, bilden sich solche Risse in seiner äußeren Haut, darunter wächst nun seine neue Rinde.

Die kleinen Wildkirschen hängen an langen Stielen.

So kannst du sie verwenden

Du kannst die kleinen Vogel-Kirschen roh naschen – nicht wundern, sie schmecken nicht so süß, wie du es von gezüchteten Kirschen kennst. Süßer wird es, wenn du aus ihnen Marmelade kochst (Rezept Seite 98) oder sie in Kuchen verbackst (Rezept Seite 92). Beim Kuchenessen darauf achten, nicht auf die Kirschkerne zu beißen und sie auszuspucken.

Nicht verwechseln!

In Gärten und Parks findest du häufig den immergrünen Kirschlorbeer – seine Früchte ähneln den Vogel-Kirschen sehr und sind hochgiftig! Seine Blätter sind derb, ledrig und haben glatte Blattränder. Da Vogel-Kirschen leicht verwechselt werden können, ziehe unbedingt immer ein gutes Bestimmungsbuch oder eine App zurate!

Die Vogel-Kirsche wächst bei uns besonders gern an Waldrändern, denn hier bekommt sie mehr Sonnenlicht ab als mitten im Wald. Im Halbschatten der anderen Bäume wird es ihr im Sommer aber auch nicht zu heiß. Wo die Böden eher lehmig und nicht zu trocken sind, fühlt sich die Vogel-Kirsche auch in Hecken wohl.

Die Vogel-Kirsche wird 15–30 m hoch.

Die beste Sammelzeit ist im Juli.

n | Feb | Mär | Apr | Mai | Jun | Jul | Aug | Sep | Okt | Nov | Dez

Früchteherbst

Im Herbst sind die meisten Blumen verblüht und es gibt kaum noch Kräuter zum Pflücken. Sie leben aber dennoch weiter: Als winzige Samen oder unterirdisch als Wurzeln überdauern sie den Winter und kommen im nächsten Frühjahr wieder heraus. Dafür lohnt jetzt ein Spaziergang durch wilde Hecken, denn die hängen im Herbst voll mit leckeren reifen Früchten und Nüssen. Offizieller Herbstbeginn ist bei uns am 22. oder 23. September – Tag und Nacht sind an diesem Tag genau gleich lang.

Holunderbeeren zeigen den Herbst an

Auf einen Blick

- Im Herbst wird es draußen kühl und feucht, deshalb fliegen nicht mehr so viele Insekten.
- Bis zum Winterbeginn am 21. oder 22. Dezember werden die Tage immer kürzer.
- Viele Vögel sind jetzt schon auf dem Weg in wärmere Gebiete weiter südlich.
- Es gibt kaum noch Kräuter zu finden.
- In Hecken findest du jetzt Himbeeren, Brombeeren, Hagebutten, Nüsse und vieles mehr.

Nach und nach wechseln jetzt die Blätter der Bäume ihre Farbe von Grün zu warmen Gelb-, Orange- und Brauntönen. Wenn alle kostbaren grünen Inhaltsstoffe herausgezogen sind, wirft der Baum schließlich seine Blätter ab. Im raschelnden Falllaub suchen Amseln nach Würmern und anderen Kleintieren und der Igel hält in Laubhaufen seinen Winterschlaf.

Herbst ist von Mitte September bis Mitte Dezember.

Das kannst du finden und zubereiten

Früchte

Nüsse

Zum Herbstbeginn werden die Tage spürbar kühler und du brauchst draußen jetzt wieder eine Jacke. Morgens hängen die Wiesen und Hecken voll mit feinen Tautröpfchen – sie machen die vielen schönen Spinnennetze sichtbar. Sammle jetzt deinen Wintervorrat an Früchten und Nüssen!

Viele Vitamine: Hagebutte

Süß und fruchtig: Himbeeren

Sehr gesund: Brombeeren

Die Blaubeere

Der Zwergstrauch im Wald trägt ab dem Spätsommer knallig blaue Früchte, und wenn du sie zerquetschst, färbt ihr Fruchtfleisch die Finger weinrot. Schau genau: Die kleinen Blättchen sind am Rand fein gesägt.

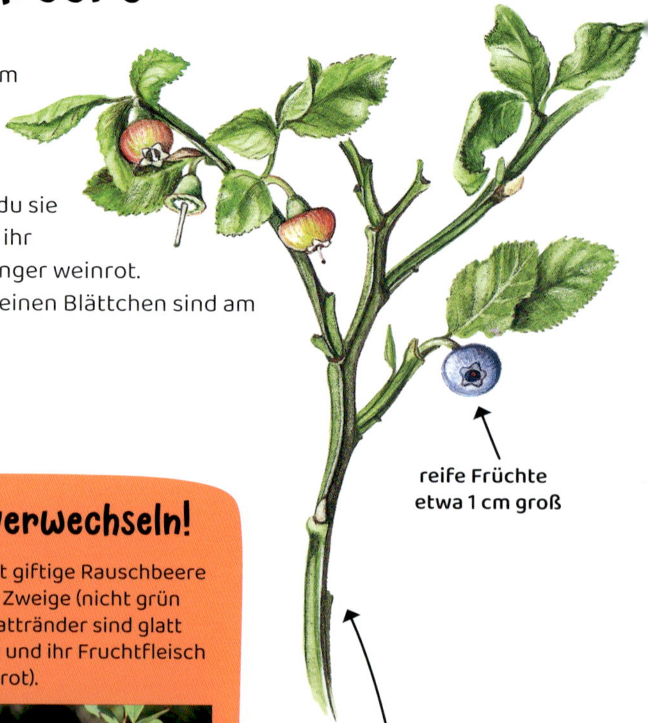

Nicht verwechseln!

Die ähnliche, leicht giftige Rauschbeere hat braune, runde Zweige (nicht grün und kantig), die Blattränder sind glatt (nicht fein gesägt) und ihr Fruchtfleisch ist weißlich (nicht rot).

So kannst du sie verwenden

Wasche die Blaubeeren zu Hause gründlich unter fließendem Wasser und lasse sie gut abtropfen. Blaubeeren kannst du roh essen, damit Kuchen backen, Marmelade kochen oder sie auch trocknen und in Früchte-Tees mischen. Sie lassen sich auch sehr gut auf Vorrat einfrieren. Unser Rezept für leckere Blaubeer-Pancakes findest du auf Seite 102.

Mach mit!

Wenn du im Spätsommer im Wald wanderst, solltest du auf alle Fälle ein kleines Gefäß mitnehmen, denn in vielen Wäldern findest du jetzt reife Blaubeeren. Wild wachsende Blaubeeren sind übrigens viel kleiner als gekaufte aus dem Supermarkt, deshalb brauchst du zum Sammeln schon etwas Geduld – ihr Geschmack ist dafür besonders intensiv!

Blaubeer-Sträucher sind am Waldboden leicht zu übersehen, weil sie so klein sind. Die Wälder, in denen sie sich wohlfühlen, dürfen nicht zu dunkel sein. Am häufigsten findest du sie in hellen Kiefernwäldern und in abwechslungsreichen Laubwäldern. Auch in felsigen Bergwäldern sind Blaubeeren sehr häufig.

Die Blaubeere wird 15–50 cm hoch.

Die beste Sammelzeit ist von Juli bis September.

n	Feb	Mär	Apr	Mai	Jun	Jul	Aug	Sep	Okt	Nov	Dez

Die Wald-Himbeere

Wilde Himbeeren wachsen als kleine Sträucher an Wald- und Wegrändern und tragen ab dem Hochsommer viele kleine, sehr aromatisch schmeckende süße Früchte. Ihre Blätter sind am Rand grob gesägt und der Stängel ist mit feinen Stacheln besetzt.

Früchte nur um 1 cm groß, innen hohl

Mach mit!

Wilde Himbeeren selbst zu sammeln, ist nicht schwierig, denn sie sind im Hochsommer wirklich häufig zu finden. Aber aufgepasst – die kleinen, saftigen Früchte zermatschen schnell in der Hand, deshalb solltest du zum Himbeerenpflücken möglichst ein luftiges Körbchen mitnehmen und die Früchte zu Hause schnell verarbeiten.

So kannst du sie verwenden

Wilde Himbeeren darfst du frisch vom Strauch naschen, denn sie wachsen so hoch, dass hier garantiert kein Hund oder Fuchs Pipi gemacht hat. Du kannst aus den kleinen Früchten aber auch leckere Krümel-Muffins backen (Rezept Seite 92), sie in dein Morgen-Müsli geben oder daraus im Nu ein erfrischendes Soft-Eis (Rezept Seite 88) mixen!

Nicht verwechseln!

Unreife Früchte der Brombeere (Seite 58) sind noch rot und können mit Himbeer-Früchten verwechselt werden. Sie sitzen aber noch sehr fest und lassen sich wirklich nur schwer abpflücken.

Wilde Himbeeren wachsen häufig auf Waldlichtungen und an Wald- und Wegrändern, denn mit Halbschatten kommen sie gut zurecht. Wichtig ist ihnen ein nährstoffreicher Boden, weshalb wilde Himbeeren auch oft von allein in Naturgärten auftauchen. Über Wurzelausläufer können sie sich hier rasch ausbreiten.

Die Himbeere wird 80–150 cm hoch.

Die beste Sammelzeit ist von Juli bis September.

n | Feb | Mär | Apr | Mai | Jun | **Jul** | **Aug** | **Sep** | Okt | Nov | Dez

Die Brombeere

Brombeer-Büsche sind Stachelköniginnen: Ihre meterlangen, überhängenden Zweige mit hakigen Stacheln verfangen sich leicht in Pullis und Jacken. Trotzdem lohnt das Sammeln, denn wilde Brombeeren sind wirklich lecker und dazu überaus gesund.

Reife Früchte sind glänzend schwarz.

Nicht verwechseln!

Die Früchte der ähnlichen, aber fade schmeckenden Kratzbeere sind hellblau bereift und bestehen aus weniger „Kügelchen". Pflückt man sie, zerfallen sie meist schon in der Hand.

So kannst du sie verwenden

Für einen leuchtend roten Brombeer-Essig wasche die Brombeeren, quetsche sie etwas mit einer Gabel an und gib sie in ein verschließbares Glas. Mit Apfel-Essig übergießen und 2 Teelöffel Honig dazugeben. 3 Wochen durchziehen lassen, gelegentlich schütteln. Dann die Brombeeren absieben, fertig ist dein Essig – perfekt für den Salat.

Erstaunlich

Brombeeren solltest du naschen und sammeln, wann immer du Gelegenheit dazu hast, denn es gibt tatsächlich kaum eine andere Frucht, die so wertvoll für unser Immunsystem ist wie sie! Brombeeren enthalten besonders viel Vitamin C, aber auch Vitamin A und B-Vitamine. Außerdem stecken viele Mineralstoffe wie Magnesium und Eisen darin.

In Hecken und an Waldrändern zählen wilde Brombeer-Sträucher zu den häufigsten Pflanzen überhaupt. Mit ihren meterlangen, stacheligen Zweigen weben sie sich regelrecht durch andere Sträucher hindurch und klettern an ihnen hinauf. Zartere Bäumchen und Sträucher werden von ihrer Last nicht selten erdrückt.

Die Brombeere wird 1–4 m hoch.

Die beste Sammelzeit ist von August bis Oktober.

n | Feb | Mär | Apr | Mai | Jun | Jul | **Aug** | **Sep** | **Okt** | Nov | Dez

Die Wildrose

Da, wo im Sommer Rosenblüten wuchsen, findest du im Herbst orangerote Hagebutten – die Früchte der Wildrosen. Typisch für Wildrosen sind ihre langen, sehr stacheligen, bogig überhängenden Zweige. Ein Blatt besteht immer aus 5–7 Einzelblättern.

rote, längliche Hagebutten

Erstaunlich!

Hagebutten zählten bei unseren Vorfahren, den Germanen und Kelten, zu den wichtigsten Früchten. Das wissen wir von Ausgrabungsstätten ihrer Pfahlbauten-Siedlungen. Sogar in Grabstätten und als Opferbeigabe fand man die Früchte, was auf ihre große Bedeutung schließen lässt. Damals gab es auch noch kein Obst in Supermärkten zu kaufen!

So kannst du sie verwenden

Brause die Hagebutten kurz unter fließendem Wasser ab. Mit einem Messer schneidest du dann den Stielansatz und das obere Ende ab. Jetzt sind die Hagebutten fertig vorbereitet, um daraus einen Hagebutten-Tee zu kochen (Rezept Seite 86) oder eine feine Hagebutten-Marmelade (Rezept Seite 98). Diese kannst du als Brotaufstrich essen oder in Joghurt rühren.

Schau genau!

Die ähnliche Kartoffelrose hat rundliche, um 3 cm große Riesen-Hagebutten. Du findest sie oft angepflanzt in Gärten, an Hängen und Dünen. Ihre Hagebutten kannst du ebenso gut benutzen.

Wildrosen sind häufige Büsche in Hecken, an Wegen, Straßen- und Waldrändern. Ihre Hagebutten sind reif, wenn die Farbe von Orange zu einem rötlichen Ton wechselt und sie sich etwas weich anfühlen (aber nicht matschig). Aufgepasst: Im Inneren der Hagebutten sind behaarte Kerne, die bei Hautkontakt ein Jucken verursachen.

Die Wildrose wird 1–3 m hoch.

Die beste Sammelzeit ist von September bis Dezember.

n | Feb | Mär | Apr | Mai | Jun | Jul | Aug | Sep | Okt | Nov | Dez

Die Schlehe

Schlehensträucher bilden sehr dornige, undurchdringliche Hecken. Ab August erkennst du sie an ihren kugeligen, 1–1,5 cm großen, blau bereiften Früchten. Noch im Winter findest du sie an den Zweigen, auch wenn das Laub längst abgefallen ist.

Erstaunlich!

Forschende fanden bei Ausgrabungen reichlich Überreste von Schlehenfrüchten in 5000 Jahre alten Siedlungen. So wissen wir, dass schon die Steinzeit-Menschen Gebrauch von den blauen Früchten machten. Ob sie damals schon wussten, dass Schlehen viele wertvolle Inhaltsstoffe haben, die unser Immunsystem stärken?

Schlehenfrüchte sind fast kugelrund wie Murmeln.

So kannst du sie verwenden

Für einen winterlichen Schlehen-Punsch sammle 2 Hände voll Schlehenfrüchte (es dürfen auch Hagebutten mit dabei sein, Seite 60) und wasche sie kurz ab. Mit 2 Tassen Wasser, etwas Zimt und Zucker in einen Kochtopf geben und 30 Minuten ganz leicht köcheln lassen, bis der Punsch weinrot gefärbt ist. Absieben und heiß genießen.

Wichtig zu wissen!

Schlehen sollten nicht vor Oktober gepflückt werden, denn sie brauchen lange zum Reifen. Roh schmecken sie herb und zusammenziehend, aber als Saft oder in Marmelade sehr lecker!

Sonnige Waldränder und Hecken an nährstoffreichen Wiesen und Weiden sind der ideale Lebensraum für Schlehensträucher. Wo sie sich wohlfühlen, da schieben sie lange Wurzelausläufer unterirdisch in alle Richtungen. So wird aus einem Schlehenstrauch schon bald ein undurchdringliches, dorniges Dickicht.

Die Schlehe wird 1–3 m hoch.

Die beste Sammelzeit ist von Oktober bis Dezember.

Feb | Mär | Apr | Mai | Jun | Jul | Aug | Sep | **Okt** | **Nov** | **Dez**

Die Walnuss

Die harte Nuss steckt unter der grünen Schale.

Im Herbst lohnt die Suche unter Walnussbäumen - ab September werden die Walnüsse nach und nach reif und fallen von den Zweigen. Die runzeligen Walnusskerne stecken in einer holzigen Schale und die wiederum unter einer grünen Fruchtschale.

Mach mit!

Zum Glück fallen reife Walnüsse vom Baum, sonst müsste man sehr hoch klettern! Bei reifen Nüssen verfärbt sich die grüne Fruchtschale schwarz, wird rissig, platzt auf und die Nüsse fallen herunter. Entferne die Reste der grün-schwarzen Schale (am besten mit Handschuhen – die Schalen färben die Finger braun) und wasche die Nüsse zu Hause kurz ab. Jetzt kannst du sie gleich verwenden.

So kannst du sie verwenden

Für unser Pesto brauchst du: 2 Hände voll geknackte Walnüsse, 1 Bund frische Petersilie, 100 ml Olivenöl, 3 Knoblauchzehen und etwas Salz und Pfeffer. Gib die Walnusskerne in eine Pfanne ohne Fett und röste sie auf kleiner Stufe (3–4), bis sie goldbraun sind. Püriere die Nüsse mit den anderen Zutaten – fertig ist dein Pesto!

Der Walnussbaum kam mit dem Menschen aus Asien nach Mitteleuropa. Wegen seiner nahrhaften Nüsse wurde er hier vielerorts angepflanzt. In besonders milden Regionen haben sich Walnussbäume bei uns aber auch in freier Natur ausgebreitet. Am liebsten stehen sie auf nährstoffreichen Böden in sonniger Lage.

Erstaunlich!

Unter Walnussbäumen gedeihen kaum andere größere Pflanzen. Forschende fanden heraus, dass die Walnussblätter besondere Wirkstoffe abgeben, die andere Pflanzen vertreiben.

Die Walnuss wird 5–25 m hoch.

Die beste Sammelzeit ist von September bis Oktober.

n | Feb | Mär | Apr | Mai | Jun | Jul | Aug | Sep | Okt | Nov | Dez

Die Haselnuss

Im September lohnt ein Spaziergang durch die Hecken, denn jetzt werden leckere Nüsse an den Haselsträuchern reif! Im Oktober kannst du die reifen Nüsse auch am Boden unter dem Strauch einsammeln – außer das Eichhörnchen war schon vor dir da.

Reife Haselnüsse fallen beim Schütteln der Zweige zu Boden.

Wichtig zu wissen!

Wachsen Haselnüsse auch auf richtigen Bäumen? Ja, besonders in Städten findest du die Baum-Hasel, denn sie ist robust und wird gern als Straßenbaum gepflanzt. Heimisch ist sie von Südosteuropa über Kleinasien bis in den Himalaya. Die Nüsse sind auch essbar, sammle jedoch nicht an viel befahrenen Straßen!

So kannst du sie verwenden

In einem guten Schoko-Aufstrich stecken reichlich Haselnüsse: Knacke etwa 4 Hände voll Haselnüsse und zerkleinere sie im Mixer. Nun gib 100 g Margarine, 1 Esslöffel Zucker, 1 Päckchen Vanillezucker, 1 Esslöffel Honig und 1 Esslöffel Kakao in einen Topf und verschmilz alles auf kleiner Flamme. Die gemahlenen Nüsse unterrühren – guten Appetit!

Erstaunlich!

Haselnüsse spielten schon in der Ernährung der Steinzeit-Menschen eine überragende Rolle. Sie sind nicht nur lecker, sondern auch sehr gesund – und lassen sich gut über Winter lagern.

Haselsträucher lieben das Sonnenlicht, denn nur hier werden ihre Nüsse richtig reif. Deshalb findest du sie auch eher an den Rändern von Wäldern. Am besten zum Pflücken sind aber Standorte in Hecken, die alle paar Jahre geschnitten werden – hier bleiben die Sträucher kleiner und die Nüsse hängen tiefer.

Die Haselnuss wird 2–6m hoch.

Die beste Sammelzeit ist von September bis Oktober.

Jan | Feb | Mär | Apr | Mai | Jun | Jul | Aug | Sep | Okt | Nov | Dez

Der Schwarze Holunder

Im September biegen sich die Äste des Holunders unter der Last ihrer schwarzen, schweren Beerendolden nach unten. Auch die Dolden hängen nach unten – ein wichtiges Unterscheidungsmerkmal zum giftigen Zwerg-Holunder!

Nicht verwechseln!

Die Beerendolden vom ähnlichen, aber giftigen Zwerg-Holunder hängen nicht, sondern stehen aufrecht. Der Zwerg-Holunder wird maximal 1,50 m hoch und hat keinen verholzten Stamm.

Beeren in hängenden Dolden

So kannst du ihn verwenden

Für zwei Becher Holundersaft brauchst du 2–3 Hände voll Holunder-Dolden, 1 Tasse Wasser und 1 Tasse Apfelsaft. Streife die Beeren mit einer Gabel von den roten Stielen und köchle sie ungefähr 10 Minuten lang zusammen mit dem Wasser und dem Apfelsaft, bis sich dein Punsch weinrot färbt. Absieben, etwas Honig dazu – köstlich!

Mach mit!

Die Beeren vom Holunder sind unreif grün, dann färben sie sich violett und werden schließlich schwarz glänzend – erst dann sind sie richtig reif. Zum Ernten brauchst du eine kräftige Schere und einen Korb oder Eimer. Schneide die Dolden im Ganzen mit der Schere ab. Du kannst daraus leckeren Saft, Punsch oder Marmelade kochen.

An Waldrändern und in Hecken ist der Schwarze Holunder häufig zu finden, auch in der Nähe von Gehöften, in Gärten und in Parks kommt er vor. In Bergregionen wächst häufig der leicht giftige Rote Holunder: Er trägt im Spätsommer rote Früchte, die nicht in flachen Dolden stehen, sondern in eiförmigen Trauben.

Der Schwarze Holunder wird 3–7 m hoch.

Die beste Sammelzeit ist von August bis Oktober.

n | Feb | Mär | Apr | Mai | Jun | Jul | **Aug** | **Sep** | **Okt** | Nov | Dez

Selbst kochen – am liebsten draußen

Draußen unterwegs sein, Wildpflanzen und Früchte sammeln und dann zum Schluss gemeinsam unter freiem Himmel am knisternden Lagerfeuer schnippeln und genießen – das ist Freiheit pur! Du wirst merken, wie schmackhaft ganz einfache Gerichte draußen im Wald oder am See sein können.

Heiß genug zum Kochen und Braten

Auf einen Blick

Packe in deinen Rucksack:

- Hobo-Kocher/Bushcraft-Ofen (oder einen anderen Camping-Kocher)
- Topf und Pfanne
- Feuerzeug oder Streichhölzer
- Brettchen und Messer
- Tasse und Besteck
- Kochlöffel
- Zutaten für dein Rezept

Außerdem:

- Gemüsenetz zum Sammeln von Kräutern
- Mücken-/Zeckenschutz
- Wasserflasche
- evtl. Teller/Schale

Auch du kannst ein Outdoor-Koch sein - aber achte bitte darauf, wo offene Feuer erlaubt sind, wie z. B. auf öffentlichen Feuerstellen und auf Campingplätzen. Ist es heiß und trocken, verzichte bitte auf Feuer!

Du suchst nach einem Lagerfeuer-Plätzchen? Dann gib in der Suchfunktion im Internet „Grillplatz in der Nähe“ ein und du findest alle offiziellen öffentlichen Feuerstellen in deinem Umkreis.

Deine Ausrüstung

Diese kleinen Outdoor-Öfen sind sehr praktisch, denn sie lassen sich handlich zusammenlegen, haben einen Boden aus Metall (so verbrennt die Erde unter dem Kocher nicht!) und du brauchst kein Brennmaterial wie Gas oder Spiritus – sammle nur einige wenige trockene Ästchen. Baue zur Sicherheit immer einen kleinen Steinwall um deine Feuerstelle herum und achte darauf, dass keine Funken auf brennbares Material fliegen können.

Vorsicht!

Bitte immer einen Erwachsenen um Hilfe und pass auf mit spitzen Messern und offenem Feuer.

Alles bereit zum Kochen

Für Luftzufuhr sorgen

Mit Stöckchen füttern

Kräuter und Früchte haltbar machen

Du hast Kräuter oder Früchte gesammelt und noch keine Idee, was du daraus zaubern möchtest? Dann mache sie erst einmal schnell haltbar, damit dir dein kostbares Sammelgut nicht verdirbt. Zarte Kräutlein kannst du kopfüber aufhängen und trocknen lassen.

Zutaten

Das brauchst du zum Trocknen von Kräutern und Blüten:

Schere

saubere Geschirrtücher

Wäscheständer oder Weidentablett

Außerdem:

Papiertüten

Wäscheklammern

TIPPS

Oft sieht man auf Fotos dicke Sträuße, die zum Trocknen aufgehängt werden. Wir empfehlen das nicht, denn in die Mitte dieser Sträuße gelangt nur wenig Luft und so kommt es hier leider häufig zu ungesunder Schimmelbildung. Immer auf gute Luftzufuhr achten!

Nimm dazu: Gänseblümchen S. 12, Brennnessel S. 20, Wilden Dost S. 40

SO GEHT'S

Einfrieren ist eine schnelle Möglichkeit, Früchte und frische Kräuter haltbar zu machen. Zuerst braust du sie dazu kurz ab, dann entfernst du die Stängel und Stielansätze. So vorbereitet, gibst du deine Ernte in verschließbare Gefrierbeutel und frierst sie ein.

Kräuter trocknen: Am besten trocknen Kräuter, wenn du Blüten und Blätter einzeln vom Stängel zupfst und sie dann gleichmäßig auf einem Tuch ausbreitest. Als Unterlage eignen sich sehr gut luftdurchlässige Weidentabletts. Immer drinnen im Schatten trocknen.

Deine Kräuter sind fertig getrocknet, wenn sie beim Zerknüllen richtig knistern und rascheln. Dann kannst du sie in Papiertütchen füllen und diese oben mit einer Wäscheklammer verschließen. An einem möglichst dunklen, nicht zu warmen Ort aufbewahren.

Thymian S. 44, Echte Kamille S. 46

Frühlingssalat

Wenn im Frühling die ersten Wildkräuter sprießen, sind sie noch besonders zart und lecker. Außerdem enthalten sie viele wertvolle Vitamine und Mineralstoffe – viel, viel mehr als gekaufte Blattsalate. Lass dich von den vielfältigen Geschmäckern überraschen!

Zutaten

Das brauchst du für 2 Personen:

3 Hände voll essbare Wildkräuter

2 EL Apfel-Essig oder Kräuter-Essig

3 EL Olivenöl oder Kräuter-Öl

3 EL Wasser

2 TL Honig

1/2 TL Salz

Prise Pfeffer

Außerdem:

Brettchen

Messer

Schneebesen

Küchensieb

Salatschüssel

TIPPS

Die meisten Wildkräuter schmecken deutlich herber und intensiver, als du es von Salaten aus dem Supermarkt gewohnt bist. Deshalb ist es eine gute Idee, deine gesammelten Kräuterschätze zunächst einmal mit Blattsalaten zu mischen, die du kennst und magst.

Nimm dazu: Gänseblümchen S. 12, Giersch S. 14, Löwenzahn S. 16

SO GEHT'S

Pflücke etwa 3 Hände voll essbarer Wildkräuter und transportiere sie möglichst luftig. Zu Hause zupfst du dann die Stängel ab und entfernst unschöne Blätter mit braunen Stellen. Wasche die Kräuter und den Blattsalat und lasse alles in einem Sieb abtropfen.

Während dein Kräuter-Salat abtropft, mische dein Salatdressing: Dazu gibst du den Essig, das Wasser, den Honig und das Öl in ein Schälchen und rührst kräftig mit dem Schneebesen, bis es milchig aussieht. Schmecke dein Dressing mit Salz und Pfeffer ab.

Gib deinen Kräuter-Salat in eine Schale und gieße dein Dressing darüber. Nun vorsichtig das Dressing so unterrühren, dass dein Salat dabei nicht zermatscht. Besonders hübsch sieht es aus, wenn du den Salat zum Schluss noch mit essbaren Blüten verzierst.

9-Kräuter-Suppe

Im Frühling eine Suppe aus 9 verschiedenen Kräutern zu kochen, ist ein uralter Brauch: Schon unsere Vorfahren, die Kelten und Germanen, kochten eine 9-Kräuter-Suppe, um nach dem Winter ihre Körper wieder mit frischem Grün in Schwung zu bringen.

Outdoor geeignet

Zutaten

Das brauchst du für einen Topf Suppe:

3 Hände voll verschiedene Kräuter

1 Zwiebel

3 Kartoffeln

1 Möhre

1 EL Öl

1 l Wasser

3 TL Gemüsebrühe

Außerdem:

Brettchen

Messer

Topf

Kochlöffel

Suppenkelle

TIPPS

Du kennst noch nicht so viele verschiedene Kräuter oder bei dir wachsen nicht so viele unterschiedliche? Macht nichts! Nimm einfach junge Blätter von Buchen oder Himbeer-Sträuchern oder auch Gartenkräuter wie Petersilie und Schnittlauch mit dazu.

Nimm dazu: Giersch S. 14, Löwenzahn S. 16, Wald-Sauerklee S. 18

SO GEHT'S

Pflücke möglichst viele verschiedene Frühlingskräuter. Bestimmungsbuch oder Bestimmungs-App nicht vergessen! Transportiere die Kräuter luftig in einem Korb oder Netz (Gemüsenetze aus dem Supermarkt), damit sie nicht zerdrücken und matschig werden.

Schäle zuerst die Zwiebel und die Kartoffeln und schabe die Möhre (das grüne Ende abschneiden). Schneide alles in ganz, ganz kleine Stückchen. Auch andere Gemüse wie Kohlrabi, Brokkoli, Sellerie oder Porree schmecken sehr gut in dieser Suppe.

Gib das Öl in den Topf und brate dein klein geschnittenes Gemüse kurz darin an. Dann gibst du das Wasser und die Gemüsebrühe dazu (Vorsicht, das kann jetzt spritzen!). 15 Minuten köcheln lassen, die Kräuter dazu geben und noch 3 Minuten köcheln lassen.

Bannock (Feuerstellenbrot)

Bannock ist ein sehr einfaches Brot, das seinen Ursprung in den schottischen Highlands hat. Mit frischen Kräutern oder Nüssen darin wird dieses schlichte Fladenbrot zum Hochgenuss – besonders am Lagerfeuer. Unbedingt gleich warm verspeisen!

Zutaten

Das brauchst du für 6 kleine Fladenbrote:

2 Tassen Dinkelmehl 630

ca. 3 EL Mehl als Reserve

1 Tasse Wasser

8 EL Oliven-Bratöl

2 TL Backpulver

1/2 TL Salz

5 Stängel frische Kräuter

Außerdem:

Kochlöffel

evtl. Messer

Pfanne

Bratenwender (oder 2 Gabeln)

TIPPS

Zum Outdoor-Braten vermische das Mehl mit Backpulver und Salz und nimm es in einem Zip-Beutel mit. Das Bratöl kannst du in eine kleine Flasche füllen und das Wasser in eine Trinkflasche. Denke an ein kleines Tütchen zusätzliches Mehl, falls dein Teig zu klebrig wird!

Nimm dazu: Giersch S. 14, Knoblauchsrauke S. 22, Wilden Dost S. 40

SO GEHT'S

Zuerst gibst du das Mehl, Backpulver und Salz in eine Schüssel oder einen Topf und verrührst alles gründlich mit dem Kochlöffel. Wasche als Nächstes deine Kräuter kurz ab und lasse sie abtropfen. Zum Schluss schneidest du sie mit dem Messer ganz klein.

Nun fügst du 2 Esslöffel von dem Öl, das Wasser und die klein gezupften oder gehackten Kräuter (oder auch Nüsse oder Früchte) hinzu. Rühre richtig kräftig, bis es ein schön glatter Teig wird. Wenn der Teig an den Fingern festklebt, gib noch etwas mehr Mehl dazu.

So formst du die Brotfladen:
Nimm eine Handvoll Teig, rolle sie zur Kugel und drücke sie flach. Gibt nun 1 Esslöffel Bratöl in die Pfanne, warte, bis es heiß ist (Bläschen steigen auf), und brate deine Fladen in wenigen Minuten von beiden Seiten goldbraun.

Walnuss S. 64, Haselnuss S. 66

Kräuter-Eiswürfel

Wenn du frische Kräuter in Zitronenwasser einfrierst, hast du beim Kochen oder Zubereiten von Salatsoßen immer gleich die richtige Menge an Kräutern parat – sehr praktisch! Einfach einen oder zwei Eiswürfel zum Schluss in dein Gericht geben und fertig.

Zutaten

Das brauchst du für 1 Eiswürfelform:

3 Hände voll essbare Kräuter

Saft von 1/2 Zitrone

Kanne mit ca. 250 ml Wasser

Außerdem:

Eiswürfelform

TIPPS

Nicht nur Kräuter lassen sich auf diese Weise haltbar machen: Du kannst ebenso gut Blüten in der Eiswürfelform einfrieren. Solche Blüten-Eiswürfel sehen toll in Sommer-Limonaden aus. Achte darauf, wirklich nur essbare Blüten wie Gänseblümchen zu verwenden!

Nimm dazu: Gänseblümchen S. 12, Giersch S. 14, Knoblauchsrauke S. 22

SO GEHT'S

Damit die Kräuter gut in die Eiswürfelform passen, ist es wichtig, sie möglichst klein zu hacken. Zuerst aber wäschst du deine Kräuter unter fließendem Wasser und zupfst alle dicken oder harten Stängel ab. Lasse die Kräuter kurz trocknen und zerkleinere sie dann.

Gib deine klein gehackten Kräuter in die einzelnen Kästchen deiner Eiswürfelform. Mische sie nach Geschmack: Du kannst entweder nur eine Sorte einfrieren oder einen Kräuter-Mix, ganz wie du magst. Achte unbedingt darauf, noch Platz fürs Wasser zu lassen.

Gib nun den Zitronensaft in dein Wasser und fülle die einzelnen Kästchen der Eiswürfelform mit dem Zitronenwasser auf. Schön langsam, sonst schwimmen deine Kräuter über den Rand. Stelle die Form in den Gefrierschrank. In 1–2 Tagen sind deine Kräuter-Eiswürfel fertig.

Kräuter-Aufstrich

Outdoor geeignet

Liebst du auch Picknicks im Grünen? Dann packe einfach die Zutaten für diesen unkomplizierten Kräuter-Aufstrich in deinen Rucksack und pflücke dir draußen deine Lieblingskräuter dazu.

Zutaten

Das brauchst du für etwa 4 Brotscheiben:

1 Handvoll Frühlingskräuter

Saft von 1/2 Zitrone

150 g Feta (veganen Feta)

2 EL Quark (veganen Frischkäse)

3–4 EL Naturjoghurt (veganen Joghurt)

1 TL Olivenöl

Prise Pfeffer und Prise Salz

Außerdem:

Schälchen

Gabel

Brettchen

Messer

leckeres Brot

TIPPS

Solche Kräuter-Aufstriche sind toll geeignet, um sie draußen in der Natur direkt mit frisch gesammelten Kräutern zuzubereiten. Dazu ist es praktisch, den Zitronensaft, das Öl, Pfeffer und Salz schon zu Hause zu mischen und in einem kleinen Gläschen mitzunehmen.

Nimm dazu: Gänseblümchen S. 14, Giersch S. 14, Wald-Sauerklee S. 18

SO GEHT'S

Finde deine Lieblingskräuter und pflücke kleine Handsträuße davon. Natürlich kannst du auch Gartenkräuter wie Schnittlauch oder Thymian dafür benutzen. Wasche deine Kräuter gründlich, entferne grobe Stängel und schneide die Blätter schließlich klein.

Gib den gewürfelten Feta, Quark und Joghurt ins Schälchen und füge Öl, Zitronensaft, Pfeffer und Salz hinzu. Schön gleichmäßig mit der Gabel verrühren. Als Letztes mischt du deine gehackten Kräuter unter.

Du kannst den Kräuter-Aufstrich als Dip essen (jeder tunkt sein Brot in den Dip) oder auch als Brotaufstrich. Besonders schön sieht es aus, wenn du einen Teil deiner Kräuter zum Schluss locker über den Aufstrich streust.

Knoblauchsrauke S. 22, Bärlauch S. 24

Sirup aus Wildpflanzen

Mit einem selbst gemachten Sirup kannst du dir deine Getränke zu besonderen Anlässen ganz einfach versüßen. Gib einfach einen Schluck Sirup ins Sprudelwasser und schon hast du eine natürliche Limonade – garantiert ohne künstliche Farb- und Geschmacksstoffe.

Zutaten

Das brauchst du für ca. 600 ml Sirup:

1 Handstrauß Blüten oder Kräuter

Saft von 2 Zitronen

500 ml Wasser

350 g Zucker

Außerdem:

Kochtopf

Kochlöffel

Trichter

Sieb

Schraubglas

verschließbare Glasflaschen

TIPPS

Blüten solltest du vor dem Verarbeiten immer erst für 1–2 Stunden ausgebreitet draußen hinlegen, damit kleine Käferchen, die sich häufig darin verstecken, herauskrabbeln und davonfliegen können.

Nimm dazu: Löwenzahn S. 16, Waldmeister S. 26, Schwarzen Holunder S. 34

SO GEHT'S

Gib Wasser, Zucker und Zitronensaft in einen Kochtopf. Köchel die Mischung, bis sie leicht zähflüssig wird. Lasse das Gemisch etwas abkühlen und gieße es noch warm über deine Blüten oder Kräuter. Lasse die Mischung 3 Tage bei geschlossenem Deckel durchziehen.

Nach 3 Tagen verarbeitest du deinen Sirup weiter: Gieße ihn durch ein Sieb in einen Topf und koche ihn noch einmal kurz auf. Dann füllst du ihn noch möglichst heiß durch einen Trichter in saubere, heiß ausgespülte Flaschen und verschließt sie sofort.

Mit einem schönen Etikett und Schleifchen ist so ein selbst gemachter Sirup auch ein tolles Geschenk! Er ist fest verschlossen mehrere Wochen lang haltbar. Angebrochene Flaschen bitte im Kühlschrank aufbewahren.

Rot-Klee S. 36, Wildrose S. 60

Tee ohne Teebeutel

Outdoor geeignet

Es müssen nicht immer Teebeutel sein – ein guter Tee kommt ganz ohne aus! Und du kannst Tee nicht nur aus getrockneten Kräutern und Früchten kochen: Noch leckerer schmeckt es, wenn du stattdessen frische Kräuter oder frische Früchte benutzt. Wir zeigen dir, wie es geht!

Zutaten

Das brauchst du:

1 Handstrauß frische Kräuter

heißes (nicht mehr kochendes) Wasser

Tasse

Außerdem:

Schere

Schnur

TIPPS

Du möchtest deinen frischen Kräuter-Tee direkt in der Natur genießen? Dann nimm einfach eine Thermoskanne mit heißem Wasser mit, außerdem eine Tasse, Schere und Schnur – schon kann es losgehen! Du kannst Teesträußchen übrigens auch wunderbar als Wintervorrat zum Trocknen aufhängen.

Nimm dazu: Gänseblümchen S. 12, Wilden Dost S. 40, Wasserminze S. 42

SO GEHT'S

Pflücke ein Sträußchen essbarer Kräuter und brause sie kurz unter Wasser ab. Kürze die Stängel mit einer Schere und binde dann jeweils 3–4 Stängel zusammen – fertig sind deine Teesträußchen! Du kannst sie gleich frisch benutzen oder auch trocknen.

Knote ein Sträußchen so am Henkel deiner Tasse fest, dass die Kräuter in der Tasse hängen. Gieße heißes Wasser in die Tasse, der Teestrauß sollte komplett untertauchen. Lasse deinen Tee 5-10 Minuten lang ziehen, dann nimmst du das Teesträußchen aus der Tasse.

Auch aus frischen oder getrockneten Wildfrüchten wie Hagebutten kannst du dir einen Tee kochen: Gib die Früchte in einen Kochtopf, quetsche sie etwas an und köchel sie dann für 2–3 Minuten. Bei harten Früchten verlängere die Kochzeit um einige Minuten.

Thymian S. 44, Echte Kamille S. 46

Soft-Eis

Ein heißer Sommertag und es gibt gerade kein Eis im Gefrierschrank? Kein Problem! Aus gefrorenen Früchten und Naturjoghurt kannst du mit einem kräftigen Mixer im Nu ein superleckeres Soft-Eis rühren – ganz ohne künstliche Aromen und Farbstoffe!

Zutaten

Das brauchst du für 350 ml Eis:

2 Hände voll Früchte

1 Banane

250 ml Naturjoghurt (oder veganen Joghurt)

2 EL Quark (oder veganen Frischkäse)

1 Päckchen Vanillezucker

Außerdem:

kräftigen Mixer (der auch Gefrorenes mixt)

Brettchen

Messer

TIPPS

Unsere Lieblingsfrüchte für das Soft-Eis sind Wald-Himbeeren. Denn sie sind dann reif, wenn die Tage im Sommer gerade besonders heiß sind, und dann ist ein kühles Soft-Eis genau das Richtige.

Nimm dazu: Wald-Erdbeere S. 48, Blaubeere S. 54

SO GEHT'S

Lege deine gewaschenen Früchte locker nebeneinander auf einen Teller oder eine Pappe, stülpe einen Gefrierbeutel darüber und friere sie ein. Dann schneidest du eine Banane in kleine Stückchen und frierst sie ebenso ein (so kleben die Stückchen nicht zusammen).

Am nächsten Tag sind deine Früchte gut durchgefroren und bereit, weiterverarbeitet zu werden: Gib zuerst den Joghurt, Quark und Vanillezucker in den Mixer. Dann fügst du deine noch gefrorenen Früchte und auch die gefrorenen Bananenstückchen hinzu.

Schalte den Mixer ein (Deckel drauf!) und mixe alles kräftig durch, bis der Joghurt sich richtig schön rosarot verfärbt. Die gefrorenen Früchte vermischen sich mit dem Joghurt und daraus wird ein leckeres Soft-Eis! Am besten sofort eiskalt genießen.

Wald-Himbeere S. 56, Brombeere S. 58

Wilde Chips

Essbare Wildpflanzen in warmem Pfannkuchenteig sind eine besondere Köstlichkeit! Geeignet sind hierfür praktisch alle essbaren Wildpflanzen. Achte nur darauf, dass ihre Blätter oder Blüten nicht zu klein sind, sonst wird es etwas schwierig mit dem Anbraten.

Zutaten

Das brauchst du für 2 Personen:

Blätter von essbaren Kräutern

1 Tasse Mehl

1 Tasse Hafermilch

2 EL Sojamehl

1 TL Zucker

1/2 TL Salz

1/2 Tasse sprudelndes Mineralwasser

Außerdem:

ca. 100 ml Bratöl

Schüssel/Topf

Schneebesen

Pfanne

Würstchenzange

TIPPS

Willst du deine Pflanzen-Chips draußen über dem Feuer brutzeln? Dann ist es praktisch, alle trockenen Zutaten (Mehl, Sojamehl, Zucker, Salz) schon zu Hause zu mischen und in einem Plastik-Zip-Beutel mitzunehmen. Für Milch, Öl und Wasser eignen sich Schraubgläser.

Nimm dazu: Giersch S. 14, Löwenzahn S. 16, Brennnessel S. 20

SO GEHT'S

Gib alle trockenen Zutaten (Mehl, Sojamehl, Zucker und Salz) in eine Schüssel und gieße dann die Hafermilch dazu. Mit dem Schneebesen kräftig rühren, bis es ein klümpchenfreier Teig ist. 10 Minuten stehen lassen, dann das Mineralwasser sanft unterrühren.

Mit der Würstchenzange greifst du dir nun ein Blatt (vorher die Blätter kurz abspülen und trocknen lassen) und tauchst es in den Teig. Achte darauf, dass das Blatt dabei nicht zusammenklappt und dass der Teig hinterher wirklich überall am Blatt haftet.

Lege deine Teig-Blätter mit der Würstchenzange in die Pfanne mit heißem Öl. Das Öl ist dann heiß genug, wenn kleine Bläschen daraus aufsteigen. Mehrmals wenden, bis die Blätter schließlich von beiden Seiten knusprig und goldbraun gebraten sind.

Krümelkuchen

Du hast frische Früchte gesammelt, Lust auf einen warmen Kuchen und keine Lust, lange zu warten? Dann ist unser unkomplizierter Krümelkuchen genau das Richtige für dich. Er ist in null Komma nichts zusammengerührt, dazu brauchst du nicht einmal ein Rührgerät.

Zutaten

Das brauchst du für 12 Förmchen:

2 Hände voll Früchte für den Förmchenboden

250 g Margarine

175 g Zucker

400 g Dinkelmehl 630

100 g Haferflocken

1 Päckchen Vanillezucker

1/2 TL Salz

Außerdem:

Kochtopf

Kochlöffel/kleiner Löffel

Muffinförmchen aus Papier

TIPPS

Noch schneller geht es, wenn du den Krümelkuchen statt in Muffinförmchen in einer großen Kuchenform backst. Dazu gehst du genauso vor – du backst praktisch einen „Riesen-Muffin". Lege die Form mit Backpapier aus, damit der Teig nicht am Rand festklebt.

Nimm dazu: Wald-Erdbeere S. 48, Vogel-Kirsche S. 50, Blaubeere S. 54

SO GEHT'S

Zuerst schmilz die Margarine im Topf und rühre alle Zutaten hinein (außer den Früchten). Dann teilst du den Teig in zwei Hälften: Die eine Hälfte nutzt du gleich als Teigboden, mit der anderen Hälfte bedeckst du dann ganz zum Schluss die Früchte.

Verteile nun die Hälfte von deinem Teig möglichst gleichmäßig in die 12 Muffinförmchen. Dann drückst du mit einem kleinen Löffel den Teig schön fest, sodass es schließlich ein richtig fester Tortenboden wird – so fallen die Muffins später nicht auseinander.

Auf deinen Tortenboden gibst du nun die rohen Früchte (vorher kurz abbrausen und trocknen lassen). Als letzte Schicht die andere Teighälfte oben auf die Früchte krümeln und leicht andrücken. Die Muffins ca. 35–40 Minuten bei 180 °C auf der mittleren Schiene backen.

Wald-Himbeere S. 56, Brombeere S. 58

Brombeer-Milchshake

Frisch zubereitete Milchshakes mit wilden Früchten schmecken nicht nur viel besser als Milchshakes aus Pulver – sie sind auch wesentlich gesünder. Denn darin stecken keine künstlichen Farb- und Aromastoffe und wesentlich weniger Zucker als in Fertigmischungen.

Zutaten

Das brauchst du für 2 große Shakes:

2 Hände voll Früchte ohne Stein

1 Banane

Saft von 1 Zitrone

400 ml Hafermilch (oder Kuhmilch)

1 Päckchen Vanillezucker

Außerdem:

Brettchen

Messer

Zitronenpresse

Küchenmixer

TIPPS

Es ist dir überlassen, ob du deinen Milchshake mit Kuhmilch zubereiten möchtest oder mit pflanzlicher Hafermilch, beides funktioniert gleich gut. Aber falls du noch nie pflanzliche Milch probiert hast, wäre es bei diesem Milchshake-Rezept durchaus einen Versuch wert!

Nimm dazu: Wald-Erdbeere S. 48, Blaubeere S. 54, Wald-Himbeere S. 56

SO GEHT'S

Zuerst bereitest du deine Früchtemischung vor: Dazu presse die Zitrone aus, wasche deine Früchte und schäle die Banane. Die Banane schneidest du in dünne Scheiben (und falls du statt Brombeeren größere Früchte benutzt, schneide auch diese klein).

Gib deine Wildfrüchte (aufgepasst: nur solche ohne Stein!), die Bananenscheiben und den Vanillezucker in den Mixer. Gieße den Zitronensaft dazu. Stelle den Mixer an (Deckel zu!) und lasse ihn kräftig mixen, sodass deine Früchtemischung schön schaumig wird.

Zum Schluss gießt du die Milch in die schaumige Früchtemischung und mixt alles noch einmal kräftig durch. Tipp: Wenn du dein Getränk lieber kühl magst, friere deine Früchte und die Bananenscheiben vorher einfach kurz ein.

Brombeere S. 58

Eistee

Fertige Eistee-Mischungen enthalten meist viel Zucker und oft auch Koffein. Bei selbst gemachtem Eistee weißt du, was wirklich drinsteckt – und seine Süße kommt aus reinem Saft. Das macht ihn zu einem tollen und natürlichen Durstlöscher an heißen Tagen.

Zutaten

Das brauchst du für ca. 1 l Eistee:

2 Sträußchen frische Kräuter (z. B. Minze)

2 Bio-Orangen

1 Bio-Zitrone

750 ml Wasser

250 ml Saft (z. B. Apfelsaft)

Eiswürfel (z. B. Blüten-Eiswürfel aus Rezept S. 80)

Außerdem:

Teekanne

Sieb

Zitronenpresse

Brettchen

Messer

TIPPS

Auf Seite 86 erfährst du, wie wir Kräuter-Tee aus frischen Kräutern zubereiten. Für einen Eistee musst du aber mindestens die doppelte Menge an Kräutern nehmen und lässt den Tee dafür nur kurz ziehen – sonst wird dein Eistee bitter.

Nimm dazu: Schwarzen Holunder S. 34, Rot-Klee S. 36

SO GEHT'S

Koche einen starken Kräutertee und lasse ihn nur kurz ziehen! Nimm also mindestens doppelt so viele Kräuter wie sonst, übergieße sie mit heißem, nicht mehr kochendem Wasser und siebe sie schon nach 3 Minuten wieder ab. Lasse den Tee dann abkühlen.

Wasche die Orangen und die Zitrone und halbiere sie dann. Presse 3 Orangenhälften und eine Zitronenhälfte aus. Den Saft gibst du in deinen Apfelsaft. Schneide die übrige Orangen- und die Zitronenhälfte in dünne Scheiben. Sie dienen zur Dekoration.

Ist dein Tee abgekühlt, gibst du als Erstes reichlich Eiswürfel dazu (richtig toll sehen darin unsere dekorativen Blüten-Eiswürfel aus, Rezept Seite 80). Dann gieße deine Saftmischung dazu und gib zum Schluss die Orangen- und Zitronenscheiben hinein.

Wilden Dost S. 40, Wasserminze S. 42, Thymian S. 44

Wildfrucht-Marmelade

Schon im August hängen die Sträucher wieder voll mit leckeren, reifen Früchten. Das ist eine gute Zeit, um Pflücken zu gehen und fruchtige Aufstriche für den Winter zu kochen. Bitte lasse aber auch immer genügend Wildfrüchte für die Vögel am Strauch.

Zutaten

Das brauchst du für 4 Gläser:

500 g Früchte

etwas Wasser

250 g Gelierzucker 2:1

Außerdem:

2 Töpfe

großes Küchensieb

Kochlöffel

Küchenwaage

saubere, verschließbare Gläser

Schöpfkelle

TIPPS

Wir benutzen Gelierzucker 2:1, das bedeutet, man braucht immer halb so viel Zucker wie Früchte. Um herauszubekommen, wie viel Zucker du benötigst, wiege zuerst deine Früchte mit der Küchenwaage: Sind es 300 g, dann brauchst du also 150 g Gelierzucker 2:1.

Nimm dazu: Vogel-Kirsche S. 50, Blaubeere S. 54, Brombeere S. 58

SO GEHT'S

Wasche die Früchte unter fließendem Wasser und schneide die Stielenden ab. Gib nun die Früchte in einen Kochtopf und gieße so viel Wasser darüber, dass alle Früchte knapp bedeckt sind. Köchel sie (je nach Härte der Früchte) 15–30 Minuten, bis sie breiig sind.

Den weich gekochten Fruchtbrei gibst du nun durch ein großes Küchensieb in einen sauberen Topf. So sorgst du dafür, dass keine harten Kerne oder Schalenreste in deiner Marmelade landen. Drücke den Fruchtbrei mit einem Kochlöffel nach und nach durchs Sieb.

Zum Schluss gibst du den Gelierzucker zu deinem gesiebten Fruchtbrei. Lasse das Gemisch noch einmal 4 Minuten lang köcheln. Dann füllst du die Marmelade mit der Schöpfkelle in saubere, heiß ausgespülte Gläser. Fülle die Gläser randvoll und verschließe sie sorgfältig. Drehe die Gläser um und lasse sie abkühlen.

Wildrose S. 60, Schwarzen Holunder S. 68

Kräuter-Öle

Legst du Kräuter in Öl ein, dann gehen die guten Wirkstoffe nach und nach ins Öl über. So kannst du ganz einfach deine eigenen, gesunden Kräuter-Öle selbst herstellen. Tipp: Für samtweiche Haut gib 1 TL Kräuter-Öl mit 1 Tasse Hafermilch in dein Badewasser.

Zutaten

Das brauchst du für 250 ml Öl:

1 Handsträußchen Kräuter

250 ml Olivenöl

Außerdem:

Rührstab oder -löffel

sauberes, fest verschließbares Glas

TIPPS

Kräuter-Öle kannst du genauso gut aus Blättern ansetzen wie aus Blüten. Es ist auch möglich, Blüten mit Blättern zu mischen. Wenn du ein gutes Olivenöl zum Ansetzen benutzt, sind solche Kräuter-Öle über viele Wochen haltbar. Wir verwenden sie gern als gesunde Salatöle.

Nimm dazu: Gänseblümchen S. 12, Giersch S. 14, Knoblauchsrauke S. 22

SO GEHT'S

Zum Ansetzen eines Kräuter-Öls brauchst du nicht viel: Nur ein gutes Speiseöl aus der Küche, das nicht schnell ranzig wird (Olivenöl ist hierfür perfekt), ein fest verschließbares Glas mit möglichst weiter Öffnung und deine gesammelten Kräuter.

Zuerst befüllst du das Glas zu 1/3 mit deinen Kräutern, dann gießt du das Öl darüber, sodass alles Pflanzenmaterial gut bedeckt ist. Wichtig: Damit dein Öl nicht schimmelt, solltest du deine Kräuter vorher immer erst 2–3 Stunden lang anwelken lassen.

Das Öl braucht nun 3 Wochen, um richtig durchzuziehen. Wichtig ist, dass du es täglich einmal gründlich umrührst. Ein guter Platz zum Durchziehen ist in der Küche, aber nicht im direkten Sonnenlicht. Schraube dein Glas gut zu, damit keine Insekten darin landen.

Bärlauch S. 24, Wilden Dost S. 40

Fluffige Pancakes

Fluffige Pancakes ganz ohne Eier und Milch? Das geht – wir haben's ausprobiert! Das Tolle an diesem rein pflanzlichen Rezept: Du kannst alle Zutaten immer auf Vorrat zu Hause haben, denn sie sind alle ungekühlt sehr lange haltbar.

Zutaten

Das brauchst du für 4–5 Pancakes:

150–200 g Früchte

200 g Dinkelmehl

200 ml Hafermilch

1 EL Zucker

1 EL Backpulver

1/2 TL Salz

50 ml Mineralwasser mit Kohlensäure

Außerdem:

Bratöl

Rührschüssel

Schneebesen

Schöpfkelle und Pfannenwender

Bratpfanne

Ahornsirup, wenn im Haus

TIPPS

Daran erkennst du, ob du deinen Pancake wenden kannst: Sobald du viele Blasen an der Oberfläche des Teigs erkennst, ist dein Pancake bereit, umgedreht zu werden. Schiebe den Pfannenwender unter den Pancake und drehe ihn mit Schwung um.

Nimm dazu: Rot-Klee S. 36, Wald-Erdbeere S. 48, Blaubeere S. 54

SO GEHT'S

Gib alle Zutaten außer dem Mineralwasser in die Schüssel und rühre mit dem Schneebesen, bis es ein glatter Teig wird. Zum Schluss gibst du das Mineralwasser dazu und lässt den Teig 10 Minuten ruhen. Rühre dann deine gewaschenen Früchte vorsichtig in den Teig.

Jetzt erhitzt du das Öl in der Pfanne, bis kleine Bläschen aufsteigen. Gib dann mit der Schöpfkelle einen Klacks Teig in die Mitte der Panne. Schwenke die Pfanne leicht hin und her und warte ab, bis Bläschen im Teig aufsteigen – dann den Pancake wenden.

Brate deine Pancakes, bis sie von beiden Seiten schön knusprig und goldbraun sind. Am besten schmecken Pancakes ganz frisch aus der Pfanne, garniert mit Früchten und Ahornsirup. Dazu passen auch Puderzucker, Marmelade oder Eiscreme.

Waldpesto

Der Wald hat im Frühling für ein Pesto viel zu bieten: Junge Blätter verschiedener Bäume und würzige Waldkräuter, die du auf dem Waldboden finden kannst.

Zutaten

Das brauchst du für ein Glas Pesto:

2 Hände voll Frühlingsblätter

2 Hände voll Frühlingskräuter

Außerdem:

Saft von 1/2 Zitrone

10 Walnüsse

50 g Pinienkerne

120 ml Olivenöl

3 EL Hefeflocken (oder geriebenen Parmesan)

1/2 TL Salz

Küchenutensilien:

Mixer

Brett, Schüssel

Messer, Kochlöffel

Zitronenpresse

fest verschließbares Glas

TIPPS

Die meisten Zutaten für ein Waldpesto kannst du selbst sammeln. Achte unbedingt darauf, wirklich nur essbare Blätter und Kräuter zu sammeln! Nimm lieber nur weniger Arten, die du dann sicher erkennst, oder ergänze dein Pesto mit Küchenkräutern.

Nimm dazu: Giersch S. 14, Wald-Sauerklee S. 18, Knoblauchsrauke S. 22

SO GEHT'S

Zuerst schneidest du deine Blätter und Kräuter so klein du kannst. Wichtig: Lasse sie nach dem Abspülen immer gut abtrocknen, sonst könnte dein Pesto später schimmeln. Knacke die Walnüsse und zerkleinere die Kerne zusammen mit den Pinienkernen im Mixer.

Gib deine gehackten Nüsse und die fein zerkleinerten Kräuter in eine Schüssel. Mische dann die Hefeflocken (oder Parmesankäse), den Zitronensaft und das Salz darunter. Zum Schluss gieße das Olivenöl dazu und rühre dein Pesto durch, bis alles gut verteilt ist.

Dein fertiges Pesto füllst du in ein sauberes, fest verschließbares Glas. Denke daran, das Glas und auch den Deckel vorher einmal kurz heiß abzuwaschen. Im Kühlschrank ist das Pesto etwa 2 Wochen lang haltbar. Pesto schmeckt toll zu Spaghetti und in Soßen.

Burger-Pattys

Ganz ohne Fleisch kommen diese leckeren, rein pflanzlichen Pattys aus. Dafür stecken jede Menge Wildkräuter darin. Draußen auf dem Feuer gebraten schmecken die Pattys besonders gut – probiere dazu unbedingt unser Bannock-Fladenbrot (Rezept Seite 78)!

Zutaten

Das brauchst du für 10 Pattys:

2–3 Hände voll frische Kräuter

2 Kartoffeln

1 Möhre

125 g Buchweizen

250 ml Wasser

2 TL Gemüsebrühe

3–4 EL Kichererbsenmehl

3 EL feine Haferflocken

1/2 TL Salz

Außerdem:

Kochtopf

Messer

Reibe

Brettchen

Bratöl

Pfanne

Pfannenwender

TIPPS

So kochst du den Buchweizen: Gib 125 g Buchweizen in einen Topf, dazu 250 ml Wasser und 2 Teelöffel Gemüsebrühe. Auf kleiner Flamme 10–15 Minuten kochen, dabei gut umrühren, weil Buchweizen leicht ansetzt. Lasse den gekochten Buchweizen im Topf abkühlen.

Nimm dazu: Giersch S. 14, Löwenzahn S. 16, Knoblauchsrauke S. 22

SO GEHT'S

Bereite deinen Teig vor: Schäle die Kartoffeln und die Möhre und rasple sie mit der Reibe (das Gemüsewasser herausdrücken). Messe Mehl, Haferflocken und Salz ab und hacke deine Kräuter fein. Gib alle Zutaten in den gekochten Buchweizen und knete den Teig durch.

Ist der Teig schön gleichmäßig durchgeknetet (das erkennst du daran, dass die grünen Kräuterstückchen ganz gleichmäßig verteilt sind), nimmst du nacheinander mit befeuchteten Händen immer eine Handvoll Teig, rollst daraus eine Kugel und drückst sie dann platt.

Gib 2 Esslöffel Bratöl in eine heiße Pfanne auf dem Herd oder auf einem Outdoor-Kocher. Wenn kleine Bläschen daraus aufsteigen, ist das Öl heiß genug, um die Pattys darin zu braten. Brate sie etwa 10 Minuten lang abwechselnd von beiden Seiten goldbraun. Du kannst die Pattys so essen oder als Burger.

Wilden Dost S. 40, Wasserminze S. 42

Schnelle Suche mit Stichwörtern

Pflanzen und Früchte/ Jahreszeiten

Rezepte

ISBN 978-3-440-17429-6

ISBN 978-3-440-17575-0

ISBN 978-3-440-17430-2

ISBN 978-3-440-17647-4

Und noch mehr auf kosmos.de/kindernaturfuehrer entdecken!

Sommer

Herbst